ABEL LAHILLE

Mes Impressions sur L'Afrique Occidentale Française

S'efforcer de mettre au service de son pays la vérité et la science, n'est-ce pas faire acte du plus pur et du plus loyal patriotisme ?

PARIS
ALCIDE PICARD, ÉDITEUR
18 ET 20, RUE SOUFFLOT, 18 ET 20

Mes Impressions

sur

L'Afrique Occidentale Française

(ÉTUDE DOCUMENTAIRE AU PAYS DU TAM-TAM)

Il a été tiré de cet ouvrage :

10 *exemplaires numérotés, sur papier de Hollande.*

ABEL LAHILLE

Mes Impressions sur L'Afrique Occidentale Française

(ÉTUDE DOCUMENTAIRE AU PAYS DU TAM-TAM)

S'efforcer de mettre au service de son pays la vérité et la science, n'est-ce pas faire acte du plus pur et du plus loyal patriotisme ?

PARIS
ALCIDE PICARD, ÉDITEUR
18 ET 20, RUE SOUFFLOT, 18 ET 20

INTRODUCTION

Il y a plusieurs histoires. Il y a d'abord la vraie, insignifiante ou instructive, belle ou hideuse, puis la fausse, maquillée, « menteuse, officielle » (ces deux épithètes sont de Balzac), écrite pour le triomphe d'une cause, *ad usum Delphini* ou *ad usum populi*, ce dernier terme convenant mieux à une démocratie.

Parmi les principales variétés de l'histoire vraie, il convient de citer l'histoire philosophique qui enregistre les événements en indiquant avec une scrupuleuse impartialité les causes et les effets, et l'histoire scientifique, n'offrant peut-être pas aux esprits légers le maximum d'attrait, mais plus dégagée par la précédente de l'influence inévitable des intérêts, des passions et des préjugés des hommes, relatant plus particulièrement les conditions de la vie, prenant ses assises dans l'observation et l'expérience, dans l'exactitude en un mot.

C'est cette dernière que je voudrais appliquer

au Soudan français, appelé encore par la nouvelle nomenclature des colonies de l'A.O.F. : Haut-Sénégal-Niger.

Abstraction faite des récits de quelques explorateurs audacieux, la véritable histoire du Soudan, celle qui nous intéresse par le rôle actif que nous y avons joué, ne commence qu'à l'année 1880, date de la mission du capitaine Galliéni et de la première expédition du colonel Borgnis-Desbordes.

Mais avant d'aborder tout sujet d'étude, il faut donner à la région directement mise en cause une définition géographique. Je dirai donc que le Soudan correspond à un immense pays semi-désertique, situé au centre ouest de l'Afrique, dans la partie supérieure de la zone intertropicale septentrionale. Ses limites vers l'est et surtout vers le nord sont très imprécises. Néanmoins, sa superficie serait de 2.166.478 kilomètres environ, en comptant le territoire civil et le territoire militaire, soit plus de quatre fois celle de la France [1].

La population est sensiblement de 5 millions

1. *Statistiques de la population dans les colonies françaises* pour l'année 1906. Ministère des Colonies, p. 599, 1909.

58.224 habitants d'après la statistique de 1906[1], ou de 5.572.300 d'après le recensement de 1908, soit une proportion de 2 habitants 33 à 2 habitants 57 par kilomètre carré. En France, on compte 73 à 74 habitants par kilomètre carré.

Comment soumettre à l'analyse une région aussi vaste et aussi lointaine, dont la pénétration est, quoi qu'on dise, malaisée? Comment réunir des éléments d'appréciation suffisamment nombreux et précis pour se faire sur cette colonie une opinion d'ensemble motivée et indiscutable?

Tandis que j'étais en proie à une perplexité évidente, un maître très connu s'approcha de moi et me dit : « A quoi bon, mon pauvre monsieur, vous donner tant de peine et pourquoi composer une histoire quand vous n'avez qu'à copier les plus connues, comme c'est l'usage? Si vous avez une vue nouvelle, une idée originale, si vous présentez les hommes et les choses sous un aspect inattendu, vous surprendrez le lecteur. Et le lecteur n'aime pas à être surpris... Un historien original est l'objet de la défiance, du mépris et du dégoût universels[2]. »

1. *Loc. cit.*, p. 13.
2. ANATOLE FRANCE : *L'Ile des Pingouins*. Préface, p. IV. Calman-Lévy, éditeur.

La sagesse de ces paroles me parut profonde. Je me rendis à la bibliothèque de l'Office Colonial et je trouvai pour la connaissance de la bibliographie du Soudan un guide précieux et aimable en la personne de M. Orbain, bibliothécaire-archiviste.

Parmi les ouvrages consultés, peu m'intéressèrent, et quelques-uns où des détails enfantins, de vraies histoires de grand-père, tiennent la plus large place me déplurent.

Il m'importe médiocrement, en effet, d'apprendre par le menu qu'un explorateur, chargé de mission ou non, a passé une nuit tranquille ou qu'il a été réveillé par la trompe des moustiques, qu'il s'est levé les paupières lourdes ou qu'il a déjeuné avec du mauvais café, qu'il a eu l'après-midi une digestion pénible ou qu'il s'est diverti de la naïveté de son boy! Les œuvres s'attachant presque exclusivement à l'imprévu des émotions ou au pittoresque des indigènes étonnent et amusent parfois, mais n'instruisent pas.

Vénéré maître, qui me dictiez tout à l'heure une si honorable et si facile marche à suivre, dussiez-vous m'infliger le « bonnet d'âne » dont mon précepteur me parait, dans mon enfance, quand je lui désobéissais, j'ai la ferme intention de me soustraire à vos judicieuses observations.

J'ai conçu un plan d'études, et je vais tenter de le développer.

Quel sort sera réservé à mon travail?

Un membre distingué du Parlement insinuait naguère, avec raison, dans un journal du soir, qu'un scandale mondain, qu'un « beau drame », qu'un « assassinat mystérieux » intéressait l'opinion publique bien plus qu'une étude approfondie sur telle ou telle colonie.

Chez beaucoup de lecteurs non aiguillonnés par un intérêt immédiat ou une vive curiosité d'exotisme, l'esprit, ennemi de l'effort, penche plutôt vers les frivolités. Cependant, il apparaît qu'un revirement s'opère, à l'aube du vingtième siècle, dans les préoccupations intellectuelles. Les romanciers abandonnent le banal adultère et les insipides histoires d'alcôve dont ils ont repu leur clientèle, pour présenter des thèses philosophiques et sociales. Des critiques ou des publicistes de talent ne craignent pas de faire des relations de voyages, et, chose curieuse, le public commence à les priser.

Voyez donc le succès des ouvrages de Jules Huret sur l'Amérique et sur l'Allemagne; des livres sur le Sénégal et le Dahomey de Vigné d'Octon; sur l'Algérie de Jean Hess; du récit admirable de verve élégante et de finesse, de *Six années en Nouvelle-Calédonie*, par Marc Le Goupils; des *Notes* sur la Turquie *d'une Voyageuse* peu commune, Marcelle Tinayre, pour ne citer que ces auteurs entre cent...

Quant à moi, j'entreprends d'écrire une histoire du Soudan sans prétention littéraire, car il m'est défendu d'en avoir. Le sujet en sera d'autant plus triste. Mais je compte toutefois mériter l'indulgence — et aussi la sympathie — des lecteurs par la sincérité de mes récits. « Livres et voyageurs mentent en général, ou du moins exagèrent », écrit le spirituel auteur des délicieuses *Lettres à Françoise*.

Je donne l'assurance que ce ne sera pas mon cas...

LIVRE PREMIER

LA CONNAISSANCE DU SOL, DU CLIMAT ET DES MALADIES ENDÉMIQUES D'UNE COLONIE EST FONDAMENTALE.

PAYSAGES SÉNÉGALAIS ET SOL SOUDANAIS

Impressions d'arrivée à Dakar. — Le Cayor. — Du Sénégal au Niger. — Le Niger. — Valeur agricole de quelques grandes régions du Haut-Sénégal-Niger.

Sept jours environ de traversée séparent la France de Dakar, principale porte d'entrée du Sénégal et du Soudan.

Dakar, escale la plus importante de la côte occidentale africaine, port où stoppent les vapeurs des « Messageries maritimes », de la « Compagnie Fraissinet », des « Chargeurs Réunis », des « Transports maritimes », les vapeurs étrangers et les navires de guerre!

Dakar, siège du Gouvernement général d'un empire qui compte pour le moins 3 millions 19.554 kilomètres carrés de superficie, sans compter les 893.696 kilomètres carrés de la désertique Mauritanie! empire dont s'enorgueillissent les patriotes crédules et sédentaires!

Dakar, ville-lumière du continent noir, grand foyer administratif d'où rayonnent les idées directrices de l'organisation politique et économique, objet d'universelle vénération! Voilà des conceptions qui accompagnent tout navigateur se rendant à cette ville pour la première fois. Mais quand le paquebot, après avoir effectué un mouvement tournant autour d'une pointe rocheuse, a pénétré dans la rade, on reste un moment interloqué de ne pas trouver ce que l'on espérait.

Le nom de *mamelles* donné à deux monticules à sommet arrondi, paraissant situés en avant de Dakar, au premier plan, tandis qu'on tient encore le large, ne devra pas être pris pour un symbole de fertilité ni d'abondance!

Une déception, si petite soit-elle, est toujours pénible! Il y en a dont le souvenir ne s'efface jamais.

En dehors des noirs déguenillés et quémandeurs baragouinant un incompréhensible jargon, nul guide ne s'offre aux arrivants de « petite marque »; nulle voiture pour le transport des bagages; nulle adresse de restaurant ou d'hôtel...

Après avoir assisté au vacarme assourdissant des indigènes piroguiers et porteurs de bagages, les regards explorent avec une légitime curiosité la terre nouvelle. Qu'aperçoit-on? un sol rouge, rocailleux ou sablonneux, complètement nu ou couvert d'une végétation chétive, minuscule, portant de distance en distance des baobabs au tronc anfractueux et des palmiers dont le feuillage projette à peine assez d'ombre pour abriter un singe ou un chacal !

Les passagers, conservant le souvenir agréable d'excursions faites à la campagne de France, se rappelant les nombreux sites qui ont attiré leur attention ou provoqué leur enthousiasme, se demandent avec anxiété : c'est ça les beautés tropicales ?

Quant à ceux qui, non contents d'avoir apprécié dans leur patrie les manifestations riantes ou grandioses de la nature, ont eu l'occasion d'aviver leur goût ailleurs, dans l'Amérique du Sud, par exemple, aux Antilles, en Extrême Orient, dans les îles de l'Océanie, etc., ils éprouvent une profonde sensation de mélancolie et... de regrets.

Le désenchantement s'étend jusqu'aux passagers de nationalité étrangère. J'ai par hasard sous les yeux la lettre d'une honorable personne de Rio de Janeiro où il est parlé avec une certaine amertume mêlée d'ironie des « grands boulevards de Dakar ». « Vraiment, ajoute la signora, cette ville ne m'a pas laissé une bien agréable impression. »

Cependant, siège du gouvernement général, Dakar doit être la reine des villes du vaste empire africain, comme le somptueux palais du gouverneur général doit être le roi des palais de cet empire.

Malgré mon humble origine, *humili genere*, je sens en moi un grand courant d'affection pour les reines... pour les reines de beauté, j'entends. N'ayant pas les mêmes raisons que certains professionnels de l'optimisme de décerner des louanges à la reine des villes de l'A. O. F., j'avouerai tout de suite que Dakar ne me plaît guère.

Rues inachevées, bouches d'égout puantes, maisons d'habitation étroites voisinant avec des baraques en décrépitude, hôtels et restaurants rares et d'un confortable peu séduisant, eau de boisson légèrement saumâtre, logements chers et incommodes, poussière rouge des rues salissante au premier chef, telles sont les principaux traits de cette reine..., qui n'a rien, on le voit, de follement aguichant.

Comme à vous, charmante dame de Rio de Janeiro, Dakar « ne m'a pas laissé une bien agréable impression ».

En considérant le vilain emplacement où elle a établi ses assises, on pourrait la comparer, en style imagé, à une médiocre broderie appliquée sur une étoffe exécrable!

Dakar possède pourtant un privilège énorme : celui d'être relié à la Métropole par une ligne sillonnée de bateaux, effectuant le parcours en une semaine. La mère-patrie pardonne à ses enfants dont le goût des séjours sur la côte occidentale africaine s'est substitué à la douceur de vivre auprès d'elle ; en bonne mère, à la bonté inépuisable, elle leur expédie, à grands frais, les principaux éléments d'une existence à laquelle elle les a habitués. Et si elle ne leur évite pas toujours la fièvre paludéenne, l'accès pernicieux ou la fièvre jaune, du moins les arrache-t-elle à la misère physiologique !!...

Peut-être viendra-t-il à l'idée d'un touriste simpliste de chercher dans la banlieue de la ville commerciale et administrative des habitations coquettes, fleuries et ombragées par une végétation abondante, comme il s'en trouve dans des colonies qui sont loin d'avoir la bonne réputation de l'A. O. F. Hélas! à la place de magnifiques villas se dressent sur un sol stérile des cases hideuses autour desquelles grouille une population de va-nu-pieds, de femmes aux seins ballants, d'enfants morveux et de vieillards ulcéreux...

Voulez-vous connaître les principales curiosités de la ville? J'en ai cité une : le village indigène. J'en indiquerai une autre : le jardin botanique, dit aussi public. Ce dernier est tout ce qu'il y a de moins à la portée du public, car 6 kilomètres d'une méchante route, bordée de tiges de *Salan* ou faux caoutchoutier et d'euphorbes épineuses, le séparent de la ville. Du reste, on a fort bien fait de l'éloigner ainsi, ce jardin dont le coût — s'il faut en croire des on-dit — atteint plusieurs centaines de mille francs.

Je vous déclare qu'il vaut mieux rester sur l'impression produite par les jardins coloniaux de France, beaucoup plus florissants !

Des jeunes plants de palmiers, de cocotiers et de manguiers affligés de jaunisse et de grêles boutures de *Ficus elastica*, variété ornementale, étaient, en 1907, les principaux hôtes de ce jardin-fantôme.

La légende — quel pays n'a pas ses racontars ? — la légende rapporte que dans ce jardin on essaya jadis la culture maraîchère. La botte de radis, affirme-t-on, revenait à 10 ou 20 francs.

Si l'on a abandonné aujourd'hui ce genre de plantations, ce n'est pas tant à cause de la dépense, — on voulait des radis frais, on en avait, — mais parce que la venue de quelques avortons de pieds de légumes, par la quantité de fumure qu'elle nécessitait, polluait l'eau avoisinante captée pour l'alimentation des citadins.

⁂

Lorsqu'on s'enfonce dans l'intérieur des terres, en courant vers Saint-Louis sur 265 kilomètres de voie ferrée, la brousse se découvre sauvage, brûlée par le soleil en saison sèche, marécageuse et interrompue à la saison des pluies, par des champs d'arachides, de mil, de maïs et de manioc, principaux indices de la présence d'êtres humains dans ces parages.

De Saint-Louis, je ne dirai rien, sinon que cette ville est plus paisible et plus hospitalière que Dakar.

⁂

De l'embouchure à la naissance du Sénégal, la monotomie du paysage s'affirme beaucoup plus triste encore que dans le Cayor. D'abord, la plaine s'étale herbeuse, hérissée de joncs, habitée par des Maures nomades. Ensuite, une végétation rabougrie se montre timidement. Plus loin, ce sont d'immenses étendues de terrain nu ou broussailleux alternant avec des forêts.

Vous allez croire, sans doute, que ces forêts se composent d'arbres géants aux feuilles verdoyantes, aux branchages enchevêtrés à travers lesquels s'épanouissent de splendides orchidées et serpentent des lianes à tige longue et flexible? Détrompez-vous. Au Sénégal, pas plus qu'au Soudan, il n'y a de forêts au sens propre du mot. On désigne généralement sous ce nom une sorte de brousse parsemée de petits arbres au tronc tortueux, à l'écorce crevassée, aux rameaux en partie desséchés... Tout au plus, dans les endroits bien abrités et humides des rives du fleuve, trouve-t-on des représentants convenables de grosses espèces végétales, d'une espèce de *Ficus* principalement. Partout où la fraîcheur est inconstante, l'évolution des plantes subit l'influence pernicieuse de l'ardente sécheresse.

Derrière un rideau de verdure mal définie, en bordure des cours d'eau, se déroulent des savanes incultes et de nouvelles forêts étiques donnant à une faune assez peu variée une hospitalité de tout repos.

Des monticules rocheux, d'une nudité navrante, émergent de loin en loin de la surface de la terre, généralement plate et unie[1], dont ils semblent proclamer la stérilité.

1. L'altitude de Kayes par rapport au niveau de la mer serait de 38 mètres seulement.

Pendant la longue période de chaleur sèche, la nature végétale est marquée, au plus haut degré, au sceau de la tristesse et de la désolation.

Les habitants de ces régions déshéritées sont groupés sur les rives des fleuves et rivières en villages très distants les uns des autres.

Les localités repérées comme villes sur des cartes de l'Afrique, artistement travaillées, ne comprennent ni rues, ni maisons, à l'exception de celles qui logent certains Européens. Je dis « certains », car il ne faut pas s'imaginer que tous les Européens occupent des appartements simplement convenables! Elles répondent, en réalité, à des agglomérations de paillotes indigènes disséminées sans ordre, ayant une analogie en plus grand et en moins propre avec de vulgaires ruches de forme cylindrique, construites en terre et recouvertes d'un cône de paille. Toutes les pseudo-villes que j'ai traversées : Dagana, Podor, Boghé, Saldé, Kaédi, Matam, Bakel, se ressemblent par leur aspect lamentable : partout, mêmes sentiers étroits et remplis d'ordures, mêmes cases malpropres, mêmes noirs indolents et loqueteux!

— Monsieur, me dira-t-on, vous nous annoncez une étude sur le Soudan ; ce que vous venez de dire sur les régions du Bas et du Haut-Sénégal est à peu près exact; mais le Niger et la Boucle du Niger?... oserez-vous seulement en parler puisque vous n'avez pas dépassé Kayes?

Je réponds : S'il n'était permis de ne traiter que les sujets touchés du doigt, il faudrait commencer par faire table rase d'une infinité de publications prétendues bien informées. Pour ma part, je souscris assez volontiers au principe de rapporter seulement des faits d'observation et d'expérience personnelles. L'application de ce procédé simplifierait singulièrement les lectures et jetterait sur les recherches documentaires une bienfaisante clarté.

Encore faudrait-il, pour éviter les opinions contradictoires, supposer chez tous les narrateurs une parfaite unité de vues.

Mais, dans la grande majorité des cas, il est impossible de ne pas ajouter foi au témoignage d'autrui. Et pourquoi ne ferait-on pas crédit à d'autres d'une entière confiance, quand ces « autres » paraissent posséder une compétence, une sûreté de jugement et une sincérité au moins égales à celles dont on se croit soi-même animé?

Qu'il me soit donc permis de reproduire sur l'aspect du pays inconnu de moi les appréciations d'un officier de marine très consciencieux, le lieutenant de vaisseau Jaime. Les appréciations de cet explorateur ont été confirmées depuis par les dépositions de nombreux voyageurs.

De Kayes à Koulikouro, sur un parcours de 555 kilomètres (par la voie ferrée),

« On ne rencontre pas dans cette partie de l'Afrique, comme futaies, l'équivalent de nos grands ormes ou chênes d'Europe. A plus forte raison, les arbres chétifs, malingres, rabougris poussant sur le sol aride, brûlé par le soleil du Soudan, ne peuvent-ils entrer en comparaison avec la végétation luxuriante de l'Inde ou des Tropiques... Il n'y a ni fleurs ni fruits[1]. »

Dans quelques villages, cependant, on voit des papayers autour des maisons d'Européens ; dans certains postes enfin (Bamako et Kati), on cultive avec beaucoup de peine des bananiers et des goyaviers.

Des jardins? On a essayé d'en créer dans le Haut-Sénégal. Ah! ne songez pas à les appeler jardins d'agréments, car ils ne produisent pas de fleurs, exigent pour la production de fruits et de légumes des soins infinis et nécessitent des dépenses que de simples particuliers ne pourraient supporter. Il faut une fumure incessante; il faut arroser deux fois par jour, abriter les

1. Lieutenant de vaisseau Jaime : *De Koulikoro à Tombouctou à bord du « Mage »*, 1889-1890, p. 67. Dentu, éditeur, Paris.

plantes du soleil, que sais-je encore? et toutes ces précautions à la saison la plus propice. En plein hivernage ou aux mois les plus chauds, on doit faire son deuil du jardin et de ses produits.

Enfin, quand tout réussit pour le mieux, on cueille des tomates et des aubergines, quelques poignées de haricots verts, des carottes grosses comme des radis et des pieds de salade verte... On voit avec bonheur ces légumes figurer sur la table... Pour employer une expression triviale, ça change du coriace et habituel plat de viande... ça rappelle un peu la France par le côté utilitaire...

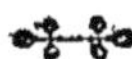

En Afrique occidentale française, le Jardin des Hespérides, personne ne l'ignore, se trouve localisé dans le bassin du Niger. Une page de description du lieutenant Desplagnes permettra de se faire du grand fleuve africain et de son rôle une idée juste et nette :

« Le Niger, avec ses inondations, ses dérivations et ses déversoirs, constitue à lui seul le réseau hydrographique stable de la région ; car les masses d'eau jetées sur le pays par les tornades de l'hivernage n'arrivent pas à constituer un régime régulier. Elles forment des marigots torrentiels dans la montagne et s'épandent brusquement dans la plaine, où elles sont absorbées par des terrains sablonneux.

« Le Niger, grossi du Bani, couvre de ses inondations dès la fin de septembre toutes les plaines riveraines... En novembre et décembre, l'eau, par d'innombrables canaux, entre les dunes, cherche à se frayer un chemin vers les bas-fonds de la cuvette et forme alors des chapelets de lacs. En janvier, la crue se termine et les eaux refluent vers le Niger, laissant à découvert des terrains immédiatement cultivables autour d'une réserve d'eau qui subsistera toute l'année.

« Dans le Sud, au pied de la falaise, ces lacs sont au nombre d'une douzaine, formant deux groupements principaux ayant chacun leurs canaux de remplissage particuliers. Cependant, ces deux groupes lacustres sont reliés entre eux par un large marigot, le Foko. Malheureusement, le régime du Niger étant très irrégulier, ces immenses cuvettes ne sont complètement remplies qu'aux années de grandes inondations. Aussi, lorsque la crue vient à manquer, ces lacs cessent d'être alimentés et, peu à peu, comme les daouna à l'O. de Goundam, ils se dessèchent complètement et sont perdus pour l'agriculture jusqu'à ce qu'une nouvelle grande crue vienne féconder leurs bords[1]. »

Sont-elles au moins assez fréquentes ces grandes crues?

1. Lieutenant Louis Desplagnes : *Le Plateau central nigérien*, p. 13 et 14. Em. Larose, libraire éditeur, 1907.

« Il s'est écoulé des périodes de cinquante ans sans qu'il s'en soit produit. A deux reprises différentes, en 1890 et en 1894, il y en a eu : c'était un phénomène exceptionnel[1]. »

Les régions les plus fertiles de la vallée du Niger sont, sans contredit, les régions dites d'inondation, s'étendant de Sansanding jusqu'au delà du lac Débo, sur une longueur de 250 kilomètres et sur une largeur de plus de 100 kilomètres. En raison des inondations périodiques, la densité de la population de ces contrées est faible.

Parlant de la région de Mopti, Jaime dit qu'elle...

« Rappelle à s'y méprendre le delta du Tonkin dans ses parties non cultivées, surtout les environs d'Haidzuong... De grands vols d'énormes sauterelles peuplent cette solitude[2]... De loin en loin, quelques rares villages ou plutôt quelques huttes, juchées sur de petites éminences entourées d'eau, paraissent perdues dans ce pays désolé[3]. »

Dans les plaines inondées les indigènes récoltent une fois l'an...

1. Emile Baillaud : *Sur les routes du Soudan*, p. 76. Privat, éditeur, Toulouse, 1902.
2. Jaime : *op. cit.*, p. 166.
3. *Ibid.*, p. 167.

« Un peu de riz rougeâtre et, à moins d'être à bord du fleuve même, en cultivant alors les berges au fur et à mesure que les eaux baissent, ils ne peuvent jamais faire par an plus d'une récolte à cause de la trop grande sécheresse[1]. »

« Depuis Mopti, écrit aussi Baillaud, au mois de janvier, on est dans un désert d'herbe et d'eau[2]. »

« Le Nil français, rapporte le capitaine Lenfant, ne produit presque rien à l'heure actuelle; son rendement est limité aux besoins de ses riverains; mais, continue l'auteur, *il peut produire de tout*[3]. »

Ne voyons dans cette dernière affirmation sans preuves qu'une hypothèse absolument gratuite, qu'un simple vœu de prospérité.

En concédant même que la vallée inondée du « Nil français » soit susceptible de produire autre chose que du riz, du mil et des arachides, il faudra choisir entre les cultures possibles : toutes ne peuvent être entreprises à la fois sur le même terrain, pendant la durée relativement courte de la saison favorable.

La difficulté de la main-d'œuvre formera, en outre, un obstacle insurmontable à la mise en valeur complète de ces centres fertiles. Ceux-ci

1. Jaime : *op. cit.*, p. 68.
2. Baillaud : *op. cit.*, p. 90.
3. Capitaine Lenfant : *Le Niger, voie ouverte à notre empire africain*, p. 182. Librairie Hachette, 1903.

ne deviendront jamais des greniers d'abondance, mais continueront à rester des centres d'industrie pastorale après le retrait de l'eau.

Les provinces de la Boucle sont-elles d'une fertilité supérieure à celles du Haut-Sénégal? On peut répondre par l'affirmative.

« Malheureusement, ce sont des contrées dévastées et dépeuplées; il faudra de longues années pour leur rendre la main-d'œuvre nécessaire à leur exploitation[1]. »

De plus, ici comme ailleurs, il faut compter avec les facteurs climatérique et géologique.

D'après une conversation avec M. de Lamothe, contrôleur des mines, qui vient d'accomplir un long et fructueux séjour dans la Boucle du Niger, il y aurait lieu de diviser le territoire civil du Soudan en trois grandes régions géologiques.

La première, formée de plateaux gréseux, serait représentée par une large bande de terrain au milieu de laquelle chemine la voie ferrée de Kayes au Niger et par les plateaux de Sikasso, de Bobo-Dioulasso, de Bandiagara et de Hom-

1. Baillaud : *op. cit.*, p. 327.

bori. Le sommet de ces plateaux gréseux est généralement latéritisé. Au nord, il est dénudé.

Cette région ingrate ne présente de points favorables que dans les dépressions argilo-sableuses, dont la fertilité est augmentée en certains endroits par la décomposition de nappes de porphyrite.

La deuxième région comprendrait avec quelques terrains latéritisés improductifs (sous-sol de schistes cristallins) des terrains anciens assez fertiles (granits et diabases) situés dans l'est de la Boucle (cercles de Ouagadougou, de Fada N'Gourma, de Dori).

Le Mossi, au sol granitique, constitue la portion la plus riche de cette région et la plus peuplée.

La troisième région comprendrait les grandes vallées alluvionnaires traversant les grès et les terrains anciens. La vallée du Niger est la plus importante.

La latérite couvre de grandes étendues dans la région sud, du côté de la Guinée ; cependant, à la faveur de l'humidité, la végétation forestière a donné de l'humus qui rend la culture possible.

Au-dessus du quinzième degré de latitude, les dunes et végétaux du désert dominent.

A l'est et en dehors de la Boucle, entre

Niamey et Bourem, des formations d'argiles et de grès friables, probablement tertiaires, constituent de médiocres terrains de culture. Du reste, l'influence désertique et l'état nomade des populations de ces derniers terrains ne sont pas faits pour faciliter les entreprises agricoles.

M. Boussenot, médecin des troupes coloniales, a étudié d'une façon spéciale la région de Dori. Écoutons ses conclusions :

« La *région de Dori, comme la plupart de celles qu'enserre la Boucle du Niger*, offre, à considérer au point de vue géologique, deux formations bien distinctes :

1° De vastes plaines sablonneuses dont la désespérante monotonie est rompue par des dunes et des vallonnements qui, aux époques hivernales, sont autant de lits de mares et de marigots;

2° Des affleurements plus ou moins accentués de roches cristallines fondamentales et de roches éruptives parmi lesquelles les schistes micacés et les granitoïdes constituent les types les plus communs[1]. »

Laissons de côté les éminences rocheuses et examinons les sédiments.

« Tous les sédiments appartiennent aux premiers étages de l'ère primaire. On trouve généralement trois assises.

« Enfin, une couche de sable jaune, mobile, d'inégale épaisseur forme le plan superficiel des plaines

1. *Notice géologique sur la région de Dori*, p. 5. Ch. Lavauzelle, éd. milit., Paris.

dont l'émersion eut lieu au début de l'époque silurienne.... *La faune* et *la flore* sont à peine représentées[1]. »

Les considérations suivantes sont des plus instructives :

« L'évolution de la flore est intimement liée à la constitution et à la nature particulière des terrains qui la supportent. C'est là un principe d'une rigoureuse exactitude dont nous trouvons la démonstration frappante dans l'étude des modifications profondes que subissent les espèces végétales aux différentes époques des temps géologiques.

« L'absence complète d'humus, la rareté périodique de l'eau sont autant de facteurs qui contribuent à rendre difficiles les essais de culture. Enfin, la perméabilité considérable de la couche sablonneuse superficielle provoque, indépendamment d'une évaporation anormale, un travail très rapide d'oxydation.

« Ce phénomène, utile pour la destruction des déchets organiques, des cadavres, etc., peut avoir, cela se conçoit, une répercussion fâcheuse sur les organes souterrains des végétaux de petite taille dont les racines ne dépassent guère les sables. Pour que ces plantes puissent végéter sans souffrir (la question de l'eau étant résolue), il faut donc que ces mêmes organes souterrains aient une constitution particulière, adéquate à leur milieu.

« C'est précisément ce que l'on remarque chez la plupart des plantes herbacées de cette région, où

1. Dr Boussenot : *op. cit.*, p. 8.

les graminées vivaces sont les espèces les plus répandues[1] .»

Si j'interprète bien la pensée du lieutenant Desplagnes, la seule fécondité possible réside sur les rives du Niger.

« Le Niger est l'âme du vaste Soudan, et son cœur aussi, écrivait Félix Dubois, dans son livre resté célèbre sur Tombouctou.

« En effet, si, à travers ses immenses plaines, il cessait un jour d'épandre ses flots infinis, la vie s'en retirerait comme elle quitte le corps des hommes quand le cœur a cessé de battre. Et le Soudan rentrerait dans le néant : Sahara[2]. »

Or, voici sur la région nigérienne une opinion de grande valeur :

« Nous devons à la vérité de dire que le pays est bien loin de renfermer les richesses tant vantées dont il était rempli d'après certains explorateurs[3] ».

Je passe sous silence les territoires dits militaires, à propos desquels, si l'on n'envisageait que le côté agricole, la boutade d'un ministre anglais, assez blessante du reste pour notre

1. Dr Boussenot : *op. cit.*, p. 32 à 34.
2. Desplagnes : *Le Plateau central nigérien*, p. 7.
3. Jaime : *op. cit.*, p. 403.

amour-propre national, se trouverait surabondamment justifiée.

Comme si l'action des rayons solaires ne suffisait pas à enrayer le développement de plantes souffreteuses, issues d'un sol pauvre, des mains incendiaires allument tous les ans d'immenses feux de brousse. Les herbes desséchées sont brûlées, dit-on, par les indigènes pour détruire les insectes nuisibles ou bien en guise de fumure minérale. Jusque dans quels cerveaux vont se loger les notions de chimie agricole!

Résultat: les indigènes sont loin d'ensemencer les champs qu'ils sont censés défricher par ce procédé étrange, et beaucoup de plantes d'une utilisation possible ou d'une utilité réelle (lianes à caoutchouc) périssent tristement.

L'aridité et la stérilité générales du sol soudanais sont dues à l'intensité et à la constance du soleil, à la longue durée de la saison sèche et aussi à la composition physique et chimique de ce sol.

Les résultats d'analyses d'échantillons de terres du Haut-Sénégal-Niger, exécutées par M. Ammann[1] et par M. A. Hébert, montrent

1. On trouvera l'analyse des différents sols effectuée

bien la nature presque exclusivement sableuse de ces sols, dans lesquels les proportions des éléments : argile, chaux, acide phosphorique, potasse, humus sont à peu près nulles[1]...

Ajoutées aux recherches du Dr Boussenot, les conclusions de M. Ammann et de M. Hébert donnent sur la valeur des terres d'Afrique des indications précises et précieuses. Elles confirment l'extrême pauvreté des sols soudanais.

La rareté des cours d'eau dans la colonie du Haut-Sénégal-Niger constitue une autre raison de stérilité.

Il n'existe pas de bassins tels que nous nous les représentons en Europe. Fleuves et affluents sont dépourvus à leur partie supérieure de réservoirs naturels susceptibles de les alimenter convenablement. La vague des eaux de pluie seule les entretient. Il n'y a pas davantage de vallées. La plupart des cours d'eau coulent à la façon d'une rigole creusée à la surface d'une plaine indéfinie.

par M. Ammann, chef du laboratoire de chimie au « Jardin colonial » de Nogent-sur-Marne, dans le tableau de la page 25.

On remarquera que ces sols très pauvres appartiennent aux vallées du Sénégal et du Niger.

1. Voici l'analyse effectuée par M. Hébert, chef des travaux chimiques à l'Ecole centrale, préparateur à la Faculté de Médecine de Paris, d'un deuxième échantillon

TERRES DU HAUT-SÉNÉGAL ET DU NIGER

ÉLÉMENTS GROSSIERS POUR 1000 (indépendamment du gros sable)	ÉLÉMENTS POUR 1000 de la terre fine et sèche, évalués en grammes			
	Chaux	Azote	Anhydride phosphorique	Potasse
Sol de Kayes :				
Cercle de Kayes (1 gr. de sable), pas effervescent	1,90	0,55	0,298	0,56
Sous-sol (0 gr. 50 de sable), pas effervescent.	2,90	0,47	0,228	0,40
Sol de Bafoulabé :				
Cercle de Bafoulabé (2 gr. de sable), pas effervescent . . .	1,10	0,51	0,228	0,41
Sous-sol (1 gr. de sable), pas effervescent	1,10	0,59	0,209	0,39
Sol de Toukoto :				
Cercle de Kita (2 gr. de sable), un peu effervescent.	1,00	0,61	0,123	0,51
Sous-sol (2 gr. de sable), un peu effervescent	0,90	0,42	0,047	0,33
Sol de Koulikouro :				
Cercle de Bamako (38 gr. de sable et petits cailloux), pas eff.	1,10	0,63	0,254	0,54
Sous-sol (45 gr. de sable et petits cailloux), pas effervescent.	1,20	0,50	0,175	0,59
Sol de Ségou :				
Cercle de Ségou (8 gr. de sable et petits cailloux), pas efferv.	0,35	0,40	0,106	1,53
Sous-sol (15 gr. de sable et petits cailloux), pas efferv. . .	0,30	0,36	0,129	2,29
Sol de San (Cercle de Koutiala) : 95 gr. de sable rouge violet et quelques cailloux ferrugineux, un peu effervescent.	1,00	0,41	0,508	1,03
Sous-sol (110 gr. de sable, etc., etc.)	0,80	0,83	0,434	1,48
Sol de Dorabougou (Cercle de Djenné) : 13 gr. de sable et quelques cailloux comme le pouce, un peu efferv. (CO^3Ca).	0,60	0,28	0,133	1,90
Sous-sol (5 gr. de sable, etc., etc.)	0,55	0,31	0,142	1,61

Nota. — Documents dus à l'extrême obligeance de M. PRUDHOMME, directeur du « Jardin colonial ».

Le lit du Sénégal est plus profond que celui du Niger. Aussi à l'époque des pluies, le niveau du premier peut s'élever de plusieurs mètres sans débordement tandis qu'au Niger, les berges, étant plus basses, les eaux se déversent jusqu'à une très grande distance dans l'intérieur de certaines provinces, dans le Macina en particulier.

Je n'ai pas eu l'occasion de soumettre à l'examen chimique l'eau du Niger. Mais, par trois fois, j'ai examiné celle du Sénégal : aux périodes des hautes, des moyennes et des basses eaux. Le

Suite de la note 2 de la page 24 :

de terre de Kayes recueilli dans le voisinage de l'hôpital militaire et d'un autre prélevé aux environs de Tombouctou, par le capitaine Ayasse :

NATURE DES TERRES	KAYES	TOMBOUCTOU
Cailloux	5 °/oo	20 °/oo
Terre fine et sèche . . .	995	980

Analyses des terres fines et sèches.

Analyse physique.

Sable	980 °/oo	990 °/oo
Argile	15	traces.
Calcaire	0	0
Humus.	très pet. quant.	presque nul.

Analyse chimique.

Azote total	0,28 °/oo	0,42 °/oo
Chaux totale	3,36	traces.
Acide phosphorique. .	2,16	0,07
Potasse.	0,42	0,09

degré hydrotimétrique total a toujours été trouvé inférieur à 3°[1].

Cela prouve que l'eau circule à la surface du sol et traverse des couches assez profondes de la terre sans dissoudre de matières minérales.

Cette constatation s'accorde parfaitement avec l'analyse chimique des terres. En résumé, toutes les considérations précédentes montrent

« ... Qu'en dehors de la végétation adaptée au milieu et au climat, il sera peu aisé d'introduire et de propager des espèces nouvelles, dont le choix n'aura pas été arrêté avec suffisamment de prudence et de soin... L'observation indique entre quelles limites l'on doit restreindre le champ des essais utiles, efficaces, d'acclimatement. C'est en s'inspirant de ces données, moins théoriques qu'elles n'en ont l'air, qu'il sera possible de faire rendre à ce sol, naturellement ingrat, le tribut agricole dont la valeur balancera peut-être les dépenses — d'argent et d'hommes — que la conquête et l'occupation auront nécessitées[2]. »

1. A. Lahille : *Bull. des Sc. pharm.*, mars 1910.
2. Boussenot : *op. cit.*, p. 32 et 34.

ÉTUDE DU CLIMAT

Influence des climats sur l'homme. — Saison humide. — Saison sèche. — Météores intéressants à signaler. — Température dans la région du Moyen-Niger. — Effets de la chaleur.

N'est-il pas de la plus élémentaire logique qu'au nombre des premières préoccupations du nouvel arrivé dans un pays neuf figure la connaissance du degré d'habitabilité de ce pays? La modalité de la vie des individus comme le caractère et le sort des peuples sont, en quelque sorte, régis par le milieu ambiant.

« Aussi bien que les animaux et les plantes, dit E. Reclus, l'homme dépend des climats et des conditions physiques de la contrée qu'il habite[1]. »

Dans les régions glaciales, des peuplades peu denses luttent péniblement pour assurer leur

1. DUJARDIN-BEAUMETZ : Dictionnaire de Thérapeutique, t. I, p. 771.

existence. Les zones tempérées sont très favorables au développement de l'humanité, « et lorsque les Américains et les peuples de l'Europe attribuent à leurs propres vertus les grands progrès qu'ils ont accomplis, ils oublient trop la part qui en revient à leur heureux climat » (Reclus).

Qui oserait la nier cette influence lorsqu'on voit la plus grande partie de la population du globe « agglomérée en magnifiques cités dans la zone tempérée, bien plus lorsqu'on voit sortir de ces régions les sciences, les arts et le flambeau de la liberté ? »

Dans les régions chaudes où une humidité constante s'exercera sur un sol riche en matériaux fertilisants, l'homme vivra sans peine des produits de la terre et se reproduira aisément tout en restant d'ordinaire « sans vigueur et sans initiative ».

Dans les zones torrides arrosées par des pluies périodiques peu abondantes et constituées par un sol très pauvre, la chaleur fera le désert et les populations, fuyant la sécheresse, émigreront sans cesse vers les « points d'eau ». Tel est le cas des Maures, des Touaregs. Les tribus sans activité et sans ambition se fixeront simplement au bord des principaux cours d'eau. Tel est le cas de la plupart des tribus du territoire civil du Soudan.

On peut assigner au Soudan deux saisons : la saison humide et la saison sèche [1].

La premièra s'étend de juin à octobre.

La pluie tombe presque toujours en tornade. La tornade se caractérise par un vent très violent, des éclairs, de l'orage et de la pluie. La tornade pluvieuse entraîne un abaissement de température presque subit, susceptible d'atteindre 10° et 11° en moins d'une demi-heure. Ce n'est pas de la fraîcheur qu'elle apporte, à vrai dire, mais du froid humide, cause vraisemblablement occasionnelle de beaucoup d'indispositions : courbatures fébriles, maux de tête, etc.

Cependant, la quantité d'eau qui tombe n'est pas très grande : 723 millimètres 42, en moyenne, par an.

Le débit des pluies est très variable. Ainsi, en 1899, 1900 et 1902, la hauteur d'eau n'atteindra pas 50 centimètres, tandis qu'en 1905 et 1906 elle

1. Les observations météorologiques consignées dans ce chapitre appartiennent à la station de Kayes. Elles ont été prises sous un abri conforme au modèle pour colonies de MM. Sainte-Claire Deville et Renoux : Les thermomètres et appareils enregistreurs sont placés à une hauteur de $1^{m},80$ environ.

dépassera 1 mètre. Le nombre de jours où il pleut est de 54 environ.

L'état hygrométrique de l'air suit naturellement le régime des pluies.

La tension de la vapeur d'eau à laquelle M. Treille[1] attribue un rôle important dans la genèse de certaines endémies tropicales est très élevée.

Voici, pour la période décennale de 1898 à 1907, le tableau des températures extrêmes de la saison humide :

	MOYENNE de la température maxima	MOYENNE de la température minima	ÉCART entre les moyennes des températures extrêmes
Juin	37°9	26°3	11°6
Juillet . . .	33°9	23°8	10°1
Août. . . .	32°3	23°7	8°6
Septembre .	33°5	23°7	9°8
Octobre . .	36°5	23°7	12°8[2]

La somme des chiffres des températures minima et maxima donne une température moyenne journalière de 32°1 en juin, de 28°8 en juillet, de 28° en août, de 28°6 en septembre, et de 30°1 en octobre.

Cette dernière moyenne journalière dépasse de 4°9, 1°8, 0°7, 1°3, 3°1 celle qui a été enregistrée

1. Professeur à l'école de médecine de Marseille.
2. Tous les chiffres relatifs aux températures indiqués dans cet ouvrage expriment des degrés centigrades et sont pris à l'ombre sauf indications spéciales.

pour les mois correspondants à la Martinique[1].

La saison humide est très déprimante. Combien pénibles sont ces journées durant lesquelles se trame la tornade qui éclatera le soir ! Pas un souffle dans l'atmosphère ; les nuages sont chargés d'électricité ; les gouttes de sueur perlent sur tout le corps ; l'énergie tombe.

C'est aussi une saison dangereuse, car elle appelle le paludisme et son néfaste cortège de manifestations diverses : accès de fièvre, anémie et cachexie palustres. Les crises de dysenterie et de diarrhée provoquées par l'ingestion d'eau souillée par toutes sortes d'immondices entraînées aux premières pluies se multiplient.

Anophèles et *Stégomyia* se développent par essaims et se livrent à l'assaut des organismes humains pour leur inoculer peut-être, au cours d'une petite saignée, l'hématozoaire ou la fièvre jaune.

Des espèces de cantharides noires[2], plus grosses et plus actives que les cantharides vertes d'Europe, laissent parfois des marques atrocement cuisantes de leur passage sur le corps.

Si vous avez perdu le souvenir de l'odeur de

1. A. Lahille : « La Martinique ». *La Dépêche coloniale illustrée*, n° 16, p. 180 (1906).

2. Ces vésicants déterminés par M. Coutière, professeur de Zoologie à l'Ecole supérieure de Pharmacie de Paris, sont trois *Epicauta* des espèces *flavicornis*, *vestita* et *hirtifer*.

ces bestioles, hôtesses permanentes de la boiserie des lits de certains hôtels, avec lesquelles on n'aime guère vivre en concubinage, un insecte, qui pullule lui aussi, a pour mission de vous le rappeler, lorsque vous l'appréhendez pour mettre un terme à ses évolutions intempestives !

Quand on a enfin, le soir, la malencontreuse idée de mettre la table dehors ou sous la véranda, on peut conserver précieusement le potage : il fera sûrement les délices d'un entomologiste !...

Cependant, la pluie et l'humidité ont ranimé la nature engourdie. L'herbe pousse ; des graines de mil et d'arachides enfouies dans le sol vont rapidement éclore et les nouvelles plantes feront un tapis de verdure à quelques carrés de sable. La population indigène prend soin des champs ensemencés. La récolte est faite en septembre et octobre..... Puis la saison sèche s'installe.

Dès ce moment, poètes qui chantez la nature, venez au Soudan puiser de solides inspirations pour composer : *Feuilles mortes !*

Quiconque, en lisant les aventures du Dr Cook et de Peary au pôle Nord, aura éprouvé par sympathie, dans le sens étymologique du mot, ou par suggestion des frissons de froid par 40° à 50° au-dessous de zéro, a toutes facilités pour venir rompre la glace à la chaleur soudanienne. Quand je dis : toutes facilités, j'exagère... Demandez à René Caillé[1], à Oskar Lenz[2], etc... Tout de même, on va plus aisément au Tchad, *via* Sahara, qu'au pôle Nord, et sans être malicieusement traité d'espèce de Jules Verne par les chroniqueurs parisiens.

Qu'entend-on par saison sèche ?

On entend une période de sept mois, de novembre à mai, dans la région du Haut-Sénégal tout au moins, au cours de laquelle le soleil, étalé sur un ciel plus gris que bleu, met à se montrer une assiduité implacable et durant laquelle la pluie fait à peu près complètement défaut.

Voici le tableau des températures extrêmes de la saison sèche :

	MOYENNE décennale de la température maxima	MOYENNE décennale de la température minima	ÉCART entre les moyennes des températures extrêmes
	—	—	—
Novembre .	36°5	21°2	15°3
Décembre .	33°3	17°3	16°0
Janvier. . .	33°3	16°8	16°5
Février. . .	36°2	19°0	17°2
Mars. . . .	40°3	29°9	17°4
Avril. . . .	42°7	26°0	16°7
Mai	42°5	28°5	14°0

1. R. CAILLÉ : *Journal d'un Voyage à Tombouctou et à Djenné*, 3 vol. Imprimerie Royale, 1830.

2. Dr O. LENZ : *Voyage au Maroc, au Sahara et au*

La somme des chiffres des températures minima et maxima donne une température moyenne journalière de 28°8 en novembre, de 25°3 en décembre, de 25° en janvier, de 27°6 en février, de 31°6 en mars, de 34°4 en avril et de 35°5 en mai.

L'écart entre le minimum et le maximum absolus de température pour chacun des mois respectifs de la saison sèche est, dans l'ordre précédemment suivi, en moyenne, de 22°6, 23°6, 25°2, 25°8, 25°9, 24°5 et 22°9.

Le maximum quotidien est très élevé. Même aux mois réputés les plus frais : en novembre, décembre et janvier, il arrive à 40°, 38° et 37° !

En février, mars, avril et mai, le thermomètre monte aux environs de 42°, 44° et 46°. Les plus fortes températures observées ne dépassent pas 48°.

Quand la température marque 47° ou 48° à l'ombre, elle marque 50° environ au soleil (à une hauteur voisine de 1m,50).

Dans ce siècle de sports et de nouveautés sportives, ce chiffre de 50° ne vous inspire-t-il pas une idée? Eh bien ! moi, si je devenais milliardaire, — ce dont je suis parfaitement à l'abri, —

Soudan. Traduit de l'allemand, par Lehautcourt. Librairie Hachette, Paris, 2 vol., 1886 et 1887.

j'instituerais un grand prix destiné au premier recordman qui, dans la même année, subirait un froid de — 50° au pôle et une chaleur de + 50° au soleil de l'équateur!

... Aux mois d'avril et de mai, la température décrit tous les jours un tracé partant de 35° à 9 heures du matin et retombant à 35° vers 8 heures du soir, après avoir atteint 44°, en moyenne, vers 2 heures de l'après-midi.

C'est l'époque de l'année où les vêtements les plus légers sont de rigueur! c'est aussi l'époque des vents d'est particulièrement brûlants, celle des nuits d'insomnie où l'on fait usage de draps mouillés pour goûter quelques instants de repos et où l'on campe à la belle étoile! Ah! ces nuits de débilitant énervement, que d'angoissantes visions elles suscitent! Un malaise indéfinissable s'empare de l'âme: l'être moral ne tarde pas à s'anéantir comme l'être physique.

La température des appartements suit les fluctuations de la chaleur extérieure. En avril, la température des chambres à coucher oscille entre 30° ou 32° le matin et 37° ou 38° le soir; en mai, elle varie de 32° ou 34° le matin et 38° ou 40° le soir. L'eau contenue dans les carafes en verre marque parfois 41° et 42°.

L'accès pernicieux et le coup de chaleur sont

à redouter. De 1889 à 1908, 142 cas mortels d'accès pernicieux et 48 décès par coup de chaleur ou insolation ont été constatés parmi les Européens.

Je serais fort surpris si, après l'exposé sommaire de ces données climatériques, il prenait fantaisie à la clientèle mondaine de nos villes d'eaux d'aller passer l'été à Kayes ou à Tombouctou ! Mais poursuivons...

Le sol, de nature sablonneuse, s'échauffe fortement. En avril et mai, un thermomètre placé à sa surface et exposé au soleil marque l'après-midi 60° et 62°. Les indigènes, chez qui l'habitude de marcher pieds nus a pourtant transformé la plante des pieds en vraie semelle inerte de kératine, se chaussent de sandales en cuir pour éviter le contact direct d'un sol trop chaud.

La chaleur se fait sentir jusqu'à une certaine profondeur dans la terre. A 40 centimètres, elle est, en moyenne, de 27°2 en janvier, de 31° en mars, de 33°5 en avril et de 37°5 en mai.

La constance d'une température élevée caractérise la climatologie du Soudan. Ainsi, pour la période de juin 1907 à mai 1908, la température s'est maintenue égale ou supérieure à 40° pendant 0 dixième 5 de l'année ; elle a oscillé entre 30° et 40° pendant 3 dixièmes 5 et entre 25° et

30° pendant 2 dixièmes ; elle a été égale ou un peu inférieure à 25° pendant 4 dixièmes.

Les moments les plus cléments s'écoulent, sans contredit, durant les nuits de décembre, janvier et février. Le firmament, rarement couvert, constellé d'étoiles clignotantes, semble sourire à la terre et la brise vole légère et fraîche.

Les minima absolus observés au cours de dix années consécutives varient de 10°8 à 16° (13°8 en moyenne) en décembre, de 10° à 15° (12°2 en moyenne) en janvier, et de 10°3 à 19° (15° en moyenne) en février.

Les Européens sentent renaître leur vigueur et ils seraient tout à la joie de vivre s'ils n'avaient pas à compter avec l'absence de distractions et avec la perspective du terrible lendemain ensoleillé.

Les indigènes ont froid, surtout le matin, car les minima de température sont atteints au moment du lever du soleil.

Trois météores intéressants à signaler sont : l'électricité de l'atmosphère, la grêle et le brouillard sec.

En saison sèche, malgré l'absence d'éclatantes manifestations météoriques, l'atmosphère semble saturée d'électricité. Les êtres vivants et les êtres inanimés en sont imprégnés. Des personnes dignes de foi affirment avoir fait jaillir des étincelles en prenant la queue ou la crinière d'un cheval, en secouant un vêtement, ou en frottant une étoffe !

En hivernage, les éclairs embrasent le ciel. Les décharges de nuage à nuage et de nuage à la terre sont aussi nombreuses qu'intensives.

Quelle action physiologique exerce sur l'homme l'électricité dans un état de plus ou moins grande diffusion ? Nul ne saurait le dire au juste. On connaît davantage l'action sur les gaz de l'air. Sous l'influence des orages, l'oxygène se condense pour former de l'ozone ; l'azote se combine à l'hydrogène pour former de l'ammoniaque ainsi qu'à l'oxygène et à l'hydrogène pour former de l'acide nitreux ou nitrique. Ce dernier corps réagissant sur l'ammoniaque donnerait du nitrate d'ammoniaque se dissolvant dans l'eau de pluie. L'importance de ces combinaisons ne doit pas échapper. L'azote ammoniacal et l'azote nitrique sont pour les végétaux des engrais de premier ordre.

En attendant les démonstrations précises du laboratoire, on peut admettre, comme hypothèse infiniment probable, la formation de ces substances dans des proportions relativement fortes, ce qui expliquerait en grande partie la rapidité de croissance et la vigueur de la végétation, en saison humide.

MM. Marchand et Néel, médecins des troupes coloniales, ont observé une chute de grêle, l'un à Ségou, le 25 mai 1908, vers 6 heures du soir, l'autre à Kati, en juin de la même année.

Je rappellerai qu'un fait analogue a été signalé à Colson (Martinique), il y a quelques années.

A Madagascar, la grêle a été assez fréquemment signalée.

Enfin, à l'époque des fortes chaleurs,

« ... Une poussière ténue et grisâtre plane sans cesse comme un brouillard au-dessus du sol : l'air chaud que l'on respire en est chargé[1]. »

C'est le brouillard sec, composé de particules argileuses impondérables.

***

Toutes les régions du Haut-Sénégal-Niger ne sont pas soumises à des conditions climatériques absolument identiques. La région de Bobo-

1. Colonel Frey : *La Côte occidentale d'Afrique.*

Dioulasso, par exemple, diffère de celle de Tombouctou ou de Zinder; de même que le climat du Niger ne ressemble pas en tout point à celui du Haut-Sénégal.

Mais les différences thermométriques existant entre régions voisines ne sauraient être bien grandes.

Jusqu'à preuve du contraire, il convient d'accepter avec réserve certaines opinions de voyageurs, car elles tiennent apparemment beaucoup plus de l'imprécision de sensations épidermiques que de la précision de lectures instrumentales.

« De novembre à mars, imprime-t-on, pour la région du Moyen-Niger, dans un livre sérieux[1], le thermomètre se tient ordinairement à 24° ou 25° et ne dépasse guère 29° à 30°; mais, pendant la nuit, il descend jusqu'à 10°. De mars à juin, la température monte; elle est fréquemment de 36° à 38° dans la journée et dépasse très rarement 40°; pendant la nuit, elle varie de 18° à 20°[1]. »

Or, voici les moyennes mensuelles des températures enregistrées à Ségou et calculées sur

1. Les *Colonies françaises* : Notices illustrées, publiées par ordre du sous-secrétaire d'État aux Colonies, sous la direction de M. Louis Henrique, t. V. *Colonies d'Afrique*, p. 282.

une période de près de trois ans : d'août 1906 à avril 1909 :

MOIS	MINIMA	MAXIMA	MOYENNE des minima et maxima
Janvier	15°4	33°0	24°2
Février	16°8	37°5	27°1
Mars	21°3	40°2	30°7
Avril	22°7	41°9	32°3
Mai	25°8	42°0	33°9
Juin	23°4	37°6	30°5
Juillet	22°3	33°7	28°0
Août	22°0	32°0	27°0
Septembre	22°1	33°2	27°6
Octobre	22°4	36°6	29°5
Novembre	21°0	36°9	28°9
Décembre	16°3	34°4	25°3

Les moyennes des minima et des maxima absolus observés pendant cette même période sont les suivantes :

MOIS	MINIMA	MAXIMA
Janvier	10°4	37°6
Février	14°7	40°4
Mars	17°3	43°3
Avril	18°5	44°2
Mai	21°0	44°2
Juin	19°3	42°9
Juillet	19°6	37°0
Août	19°8	35°0
Septembre	20°4	36°3
Octobre	19°6	38°8
Novembre	17°3	40°1
Décembre [1]	11°9	37°6

1. Documents dus à l'obligeance de M. le directeur du Bureau central de météorologie.

Les chiffres exposés dans ces tableaux sont bien plus élevés, on le voit, que ceux indiqués il y a vingt ans dans l'ouvrage précédemment cité.

L'organisme humain, dans sa lutte contre ces chaleurs excessives, puise sa principale force défensive dans le bon fonctionnement des glandes sudoripares.

Aussi l'absorption de liquide nécessaire pour parer aux besoins de l'évaporation cutanée est-elle considérable! Un tel besoin physiologique favorise ici, on ne peut mieux, la passion des buveurs!

Jamais pays n'a mieux mérité le surnom de : Pays de la soif!

La science dira-t-elle jamais l'usure des corps dans sa résistance contre une atmosphère si fortement et si constamment surchauffée!

Les cellules nerveuses reçoivent un choc physiologique dont les conséquences, si elles n'entraînent pas toujours l'anémie cérébrale ou la folie, conduisent fatalement à la débilité!

« Parmi les causes qui peuvent influencer la morbidité, écrit M. le Sous-Directeur du Service de santé du Soudan, le facteur climatérique en est une des principales dans le Haut-Sénégal. Les températures excessives de la saison qui précède l'hivernage, du commencement d'avril au milieu de juin, sont débilitantes au premier chef, surtout à cause de leur constance jusqu'à une partie assez avancée de la nuit[1]. »

A l'instar de l'homme, les animaux sont très incommodés. Beaucoup trouvent difficilement de l'eau, même pour se désaltérer, car les marigots et les mares, réservoirs naturels à la saison des pluies, sont desséchés.

Les objets ne sont pas non plus sans réagir : le cuir s'écaille et se brise ; le caoutchouc devient cassant comme du verre. Excellente colonie de consommation pour les pneus de bicyclettes et d'automobiles !

Les livres, ces charmants compagnons des coloniaux de brousse, font peine à voir. Leurs couvertures, convulsionnées en forme de cornets, semblent vouloir écarter les mains du lecteur et demander grâce !

Les rayons calorifiques du soleil ne sont pas les seuls dont on ait à redouter les effets. Les personnes obligées, le jour, de quitter l'ombre

1. Rapport annuel de 1906 : *Morbidité et mortalité.*

des vérandas s'exposent à l'érythème solaire (action des rayons chimiques) et à des troubles oculaires (action des rayons lumineux)[1].

1. Un « Mémoire » détaillé sur la Climatologie du Soudan a été soumis au Comité des Travaux historiques et scientifiques (Section des Sciences), ministère de l'Instruction publique.

En dehors de l'étude des principaux éléments du climat, ce Mémoire contient une critique des heures d'observations météorologiques imposées en A. O. F. aux observateurs.

Il est publié dans la *Revue des troupes coloniales*, numéro de juin 1910 (ministère de la Guerre). Ch.-Lavauzelle, éd. mil., Paris.

MORTALITÉ ET MORBIDITÉ

Le Soudan inhospitalier. — Pathologie des Européens. — Etat sanitaire de divers postes militaires. — Pathologie des indigènes. — Flèches empoisonnées. — Flèches... de Vénus.

La sécheresse et l'humidité aux diverses époques de l'année, le régime des pluies, les variations de la chaleur, l'intensité du soleil, la constitution physique et chimique du sol sont avec les maladies endémiques et épidémiques les facteurs qui exercent une influence capitale sur les plantes, les animaux et l'homme.

Leur connaissance approfondie devrait seule inspirer la prise de possession définitive d'un pays.

Que penserait-on d'une société minière installant une machinerie des plus dispendieuses dans une concession quelconque avant d'avoir opéré des prospections et des sondages, avant d'avoir constaté la présence d'un minerai et d'avoir calculé les chances de succès?

C'est pour ne pas avoir suffisamment compté avec le climat que Napoléon termina tristement sa campagne de Russie!

« Vers le commencement du XIXe siècle, un roi de Madagascar déclarait à des Européens le menaçant de guerre : J'ai pour me défendre deux généraux qui en valent bien d'autres : Hazo et Tazo, la forêt et la fièvre[1]. »

En dehors de la stérilité du sol, de l'action du soleil et de la pénurie d'eau, le Soudan a pour se défendre le poison de ses mares et les fièvres endémiques.

Le récit des campagnes coloniales doit constituer pour un historien compatissant aux infortunes d'autrui une tâche bien pénible. A se représenter les luttes héroïques entreprises contre la monstrueuse puissance des climats tropicaux et les tortures physiques et morales endurées par marins et soldats, on est saisi d'épouvante.

Les expéditions du Dahomey et de Madagascar sont des modèles d'expéditions meurtrières. A Madagascar, « nous n'avons eu que 13 hommes

1. E. Grosclaude : *Un Parisien à Madagascar*.

tués par le feu de l'ennemi, alors que 6.000 mouraient de maladies endémiques[1] ».

Au Soudan, le nombre des Français morts pendant les neuf expéditions et campagnes de 1881 à 1889 doit être considérable.

Voici un exemple de la mortalité à cette époque : « En 1881, sur 150 militaires partis de Rochefort, déclare un des rares survivants de ce contingent[2], 31 seulement revirent la France, tous épuisés ou près de succomber. »

Le colonel Frey a laissé des campagnes soudanaises une description saisissante relative à la saison sèche :

« La saison des fièvres est passée, les marais desséchés n'ayant plus de miasmes à exhaler; mais le soleil fait chaque jour ses victimes! Epoque terrible, fatale pour l'Européen! Au repos, en station, son corps est harassé sans avoir fait de mouvements; ses jambes peuvent à peine le porter. Quelle souffrance n'éprouvera-t-il pas quand il faudra marcher, marcher sans cesse, combattre! Si l'étape se prolonge, que de malheureux exténués de fatigue, suffoqués par la chaleur, sont alors semés sur la route pour ne plus se relever!

« D'autre part, lentement, l'anémie accomplit son œuvre de destruction. Elle a peu à peu envahi le soldat, épuisé par les privations continuelles, par

1. Le Dantec : *Traité de Pathologie exotique*, 2e éd., p. 88.
2. M. D..., administrateur des colonies en retraite.

l'énormité du travail exigé; le visage brûlé par le soleil, pâli par la maladie, a pris une teinte cadavéreuse; l'estomac ne peut plus supporter aucune nourriture; l'homme voit ainsi insensiblement ses forces décroître, jusqu'au jour où il ne pourra plus se soulever de sa couche[1].

« On comprend quels terribles ravages ce climat exerce dans les rangs de nos soldats! On comprend la mortalité effrayante de nos colonnes dans ces contrées du Haut-Sénégal, mortalité qui s'élève, en quelques mois à peine, au tiers, à la moitié de l'effectif. Et il en a toujours été ainsi : on trouve dans les annales du Sénégal qu'il était autrefois défendu d'envoyer des soldats européens en garnison dans le poste de Bakel, lequel pourtant est aujourd'hui réputé très sain, en comparaison d'autres postes qui viennent d'être établis dans le Haut-Sénégal.

. . . .

Les hommes ne sont pas les seuls à souffrir de l'inclémence du climat : les animaux payent aussi leur tribut. Chaque année, en effet, nos colonnes perdent une très grande partie, quelquefois la totalité des chevaux et des mulets qu'elles emmènent : 300 mulets sur 450, 180 chevaux sur 200, tel est le bilan d'une année[2]. »

Les hécatombes humaines n'ont pas seulement lieu dans les armées en campagne. Voici

1. Colonel Frey : *La Côte occidentale d'Afrique*, p. 203, 1890, Marpon et Flammarion, éd.
2. *Ibid.*, p. 206.

l'histoire d'une mission chargée d'étudier la ligne ferrée de Bafoulabé au Niger :

« Une mission composée de MM. Marmier, chef de bataillon du Génie, chef de Mission; Loustalot-Laclette, capitaine au 5e régiment du Génie; Pelabon et Fabia, lieutenants; 8 sous-officiers, 12 caporaux, arriva à Bafoulabé, le 22 octobre 1891.

« Le 31 octobre, au cours d'une reconnaissance, le commandant Marmier reçoit une dépêche lui annonçant le décès du sergent Bernard (30 octobre) et celui du lieutenant Pelabon (31 octobre), au poste de Bafoulabé.

« Le 6 novembre, le chef de la Mission apprend le décès du capitaine Laclette et, le 7, celui du sergent Toubikoff. Pendant tout le mois de novembre, de nombreux accès de fièvre se déclarèrent parmi le personnel de la mission, qui perd encore deux de ses hommes : les caporaux Thiennot et Héritier.

« Le chef de la Mission lui-même est fortement atteint. Il fallait compter chaque jour sur 4 ou 5 hommes malades ou convalescents. Un des sous-officiers atteint de dysenterie a dû être évacué sur Bafoulabé le 13 décembre. Epuisés par la maladie, ces malheureux soldats n'avaient pas d'eau. Pendant le premier mois des opérations, il fallut s'approvisionner à une distance de 8 à 10 kilomètres. Le service était fait à l'aide de tonneaux en tôle transportés par des ânes [1]. »

1. Commandant Marmier : *Rapport sur le prolongement du chemin de fer de Bafoulabé au Niger.*

Avec combien de raison le Dr Durand s'écriait vers cette époque :

« Dans l'état actuel des choses, l'acclimatement des Européens est absolument impossible dans le Haut-Sénégal, et non seulement l'acclimatement de de la race, mais aussi l'acclimatement individuel. Ce pays réunit toutes les conditions telluriques et météorologiques les plus défavorables au maintien de la vie[1]. »

De 1889 à 1908, le nombre des Français décédés au Soudan est de 1.171, dont 49 tués à l'ennemi.

Voici, à titre de document, le tableau des décès par année[2] :

ANNÉES	NOMBRE de décès	ANNÉES	NOMBRE de décès
1889.	64	1899.	55
1890.	79	1900.	44
1891.	133	1901.	42
1892.	86	1902.	45
1893.	108	1903.	30
1894.	127	1904.	30
1895.	52	1905.	27
1896.	38	1906.	59
1897.	59	1907.	24
1898.	35	1908.	34[3]

85 % environ des décès sont imputables aux maladies endémiques.

1. Colonel Frey : *op. cit.*, p. 202.
2. Registre des décès et rapports médicaux, *Archives de l'hôpital de Kayes*.
3. Voici l'échelle des maladies ayant causé les décès :

Le nombre des rapatriés pour raison de santé est imposant.

Voici le tableau des rapatriements par le Conseil de santé de la colonie depuis 1898 :

ANNÉES	RAPATRIÉS par anticipation	RAPATRIÉS après fin de séjour réglem. (20 mois)	TOTAL
1898 . .	»	»	378
1899 . .	»	»	466
1900 . .	»	»	143
1901 . .	»	»	124
1902 . .	renseignements manquent.	»	»
1903 . .	80	»	80
1904 . .	91	29	120
1905 . .	72	»	72
1906 . .	189	185	374
1907 . .	71	88	159
1908 . .	113	303	416

Combien sont-ils, ceux d'entre ces rapatriés qui, cédant au pouvoir destructif de la maladie,

Suite de la note 3 de la page précédente :

Hépatite avec dysenterie ou diarrhée. . .	23
Insolation, coup de chaleur	48
Tués à l'ennemi.	49
Hépatite, abcès du foie	54
Fièvre jaune	64
Fièvre typho-malarienne.	134
Fièvre pernicieuse, accès pernicieux . . .	142
Dysenterie et diarrhée simples.	141
Fièvre bilieuse hémoglobinurique	221
Fièvre typhoïde, anémie et cachexie palustre, paludisme, maladies chirurgicales et sporadiques, suicides, causes inconnues	295

dorment leur dernier sommeil dans la colonie voisine, à Bakel, Matam, Podor, Saint-Louis, Dakar, ou qui, soutenus par l'ardent désir de revoir la France sont allés s'éteindre dans le berceau familial?

Combien sont-ils, ceux qui, atteints d'anémie profonde ou porteurs de tares organiques, rescapés de fièvre bilieuse hémoglobinurique ou de fièvre jaune, de dysenterie ou d'abcès du foie, etc., se sont classés à la fleur de l'âge dans la catégorie des vieillards ou des infirmes? Il s'en présente constamment au Conseil de santé du Haut-Sénégal-Niger, de ces jeunes candidats à la sénilité précoce. Le visage flétri, les lèvres décolorées, le regard terne, le dos voûté, ils comptent vingt-cinq et trente ans, trente-cinq au plus.

Ah! s'ils avaient su ces pauvres gens! fils d'ouvriers, ils auraient sollicité une place à l'usine; fils d'artisans, ils auraient appris le métier de leur père; fils d'agriculteurs, ils auraient cultivé la terre patrimoniale.

Une vie heureuse peut-être, et, dans tous les cas, régulière et paisible, eût pris la place d'une existence agitée, semée de dangers, pleine d'incertitudes, actuellement compromise.

Faute d'éléments d'appréciation dûment établis, je n'ai pu faire le pourcentage rigoureusement exact, par rapport aux effectifs présents, de la mortalité survenue dans la colonie et des cas de maladie grave ayant nécessité le retour urgent dans la métropole.

Les hommes devant logiquement avoir la priorité sur les choses, pourquoi le dénombrement annuel de la population européenne n'a-t-il pas été entrepris avant l'établissement de statistiques savantes concernant les articles de négoce?

Toutefois, en consultant les registres à souche du Conseil de santé (congés de convalescence et congés pour fin de séjour) et les rapports médicaux, en portant à cent cinquante le nombre des personnes n'appartenant à aucune administration (commerçants, prospecteurs, etc.), on trouve un effectif, approximatif, bien entendu :

En 1900.	de	833	Européens.
1901.	de	760	—
1902[1]	de	570	—
1904.	de	650	—

Le nombre des Européens, très petit en 1906, par suite de l'épidémie de fièvre jaune, se relève, en 1907, à 750 environ. Un recensement sérieux

1. BAILLAUD, de son côté, estimait à cinq ou six cents le chiffre de la population européenne présente au Soudan en 1902.

a été entrepris pour l'année 1908. En voici les résultats :

- Européens
  - Français
    - nés en France : 1.066 dont 65 femmes, 4 garçons et 2 filles.
    - nés dans les colonies ou à l'étranger : 58, dont 7 femmes, 5 garçons et 6 filles.
  - étrangers : 22, dont 6 femmes.

Soit un total général de 1.146, dont 78 femmes, 9 garçons et 8 filles.

Les militaires, au nombre de 507, représenteraient près de la moitié de la population européenne[1].

Sans vouloir jeter la moindre suspicion sur l'exactitude des chiffres du dernier tableau, je demanderai seulement si le total de 1.146 représente un effectif théorique ou bien un effectif réellement présent pendant toute la durée du recensement ?

L'organisation des services, comme on le devine, laissait jadis beaucoup à désirer dans ces contrées, où intelligence et activité fondent comme « glace au soleil ».

« Je n'ai pas un thermomètre pour prendre la température des malades, contait en 1883 le médecin de

1. Documents dus à l'obligeance de M. Chemin-Dupontès, chef du service des statistiques à l'*Office colonial*.

Bakel[1] ; je possède personnellement une seringue de Pravaz, mais dont une aiguille est déjà hors d'état de servir, et il n'y en a pas d'autre au poste. La seule balance à ma disposition dans la pharmacie est d'une telle exactitude et de si peu de sensibilité qu'il n'y a pas lieu de lui accorder la moindre confiance pour les pesées un peu délicates. Enfin, la réception des médicaments et aliments légers a été loin de ce à quoi je m'attendais d'après le dire de mon prédécesseur. »

Plus de vingt ans après, — exactement vingt-quatre ans, — un médecin d'un poste du Sénégal, poste assez rapproché de Bakel, aurait pu signer semblable déclaration !

Je vais m'efforcer de passer en revue les principales maladies qui, au Soudan, guettent l'Européen et assaillent l'indigène. Mon étude sera uniquement une étude historique.

Il existe un vaste champ qu'ont enrichi de leur savoir et fécondé de leur travail tous les médecins et directeurs du Service de santé qui se sont succédé au Soudan : je veux parler

1. Lettre de juillet 1883 (*Archives de l'Hôpital de Kayes*).

des rapports médicaux mensuels ou annuels en dépôt à la sous-direction du Service de santé de Kayes. Je n'ai eu qu'à cueillir une moisson toute prête.

Le paludisme et ses dérivés, *la dysenterie*, *la fièvre bilieuse hémoglobinurique*, *l'hépatite*, *l'accès pernicieux*, *le coup de chaleur*, *la fièvre jaune* : telles sont les principales maladies constituant la pathologie des Européens dans le Haut-Sénégal et Niger.

Le *paludisme* domine l'échelle des maladies.

« Plus de la moitié des entrées aux hôpitaux ou aux ambulances est, en général, attribuable au paludisme seul.

« Si les chiffres de l'effectif moyen donnés par les divers postes sont exacts, le personnel civil ou militaire des Européens peut être estimé à six cent cinquante en chiffres ronds. Par rapport à cet effectif, le paludisme donnerait 561 entrées par 1.000 hommes d'effectif (pour 1904). Nous sommes loin de la proportion de 216,01 °/₀₀ que donne le Dr M... Il est vrai que sa proportion n'est que la moyenne de toutes les colonies et que, comme toutes les moyennes de choses dissemblables, elle ne dit pas grand'chose d'exact.

« Depuis longtemps, les médecins ont signalé la violence de l'imprégnation paludéenne. C'est avec raison, car dans les diverses colonies de la Côte occidentale d'Afrique où nous avons servi (Congo, Dahomey, Sénégal), nous avons rarement vu éclater le paludisme avec une pareille intensité et frapper ainsi presque tout le monde.

« Le paludisme ne disparaît jamais au Soudan. On en observe toujours des cas, quelle que soit la saison[1]. »

Les mois où sévit le plus l'endémie palustre sont les mois d'août et de septembre. Bien peu d'Européens lui échappent.

Les ravages de la *dysenterie* sont considérables. Cette affection revêt deux formes principales :

« 1° La forme bénigne, guérissant rapidement en quinze ou vingt jours, mais laissant après elle une certaine sensibilité de l'intestin qui ne s'émousse qu'à la longue ;

2° La forme grave hémorragique, toujours rapidement mortelle ![2] »

De 1889 à 1908, il y a environ cent quarante et un décès d'Européens imputables à la dysenterie et à la diarrhée rebelles. Ce chiffre est plus de deux fois supérieur à celui de la mortalité par fièvre jaune dans le même laps de temps !

La cause la plus fréquente de la dysenterie au

1. Rapport annuel de M. le sous-directeur du Service de santé du Haut-Sénégal-Niger, 1904.

2. *Ibid.*

Soudan paraît être une amibe : l'*Entamoeba histolytica*. Sur cinq cas examinés à l'hôpital de Kayes, j'ai rencontré cette amibe trois fois.

L'eau du Sénégal joue dans l'étiologie de ces maladies un rôle particulièrement actif. Ah ! je ne fais certes pas un grief à ce fleuve de servir de cabinet de toilette à des hippopotames, à de nombreux crocodiles et oiseaux aquatiques, mais je lui reproche d'être le grand collecteur de toutes les immondices des villages riverains. Où vont les déjections humaines? au fleuve. Où sont jetés les cadavres d'animaux de toute espèce? dans le fleuve. Où se désagrègent en pourrissant des troncs d'arbres, des branches et des feuilles ? dans le fleuve. Où se baigne une foule d'individus porteurs de plaies, de chancres et de lèpre? dans le fleuve.

Ce fleuve constitue le grand dépotoir du Haut-Sénégal, d'une partie de la Mauritanie et du Sénégal. Aussi son rôle est-il des plus néfastes. Embarras gastrique, fièvre typhoïde, diarrhée, dysenterie sont les moindres maux auxquels puissent donner naissance les microbes pathogènes et autres parasites de l'homme charriés par lui.

« La fréquence de la dysenterie au Soudan, écrit M. le sous-directeur du Service de santé de cette colonie, suit d'une façon générale les fluctuations du niveau du fleuve. La remarque de cette corrélation a été faite depuis longtemps... Après les nouvelles pluies, lorsque le niveau commence à s'élever, l'eau est polluée et dangereuse au plus haut point.

« A mesure que le niveau s'élève et que le fleuve coule avec plus de vitesse, les matières malsaines sont plus diluées, l'eau est sale, limoneuse, mais moins dangereuse... Lorsque les eaux baissent et que l'écoulement devient moins rapide, le fleuve recevant toujours à peu près la même quantité d'immondices, les microbes sont moins dilués et, partant, l'on a plus de chances de se contaminer si l'on ne filtre pas l'eau de boisson... »

Je me hâte d'ajouter que les germes des troubles intestinaux ne sont pas la propriété exclusive du Sénégal, mais qu'ils sont répandus dans le *Niger et ses affluents*, dans les *mares* et les *marigots* ! !

Dans la période 1899-1908, 227 décès, représentant près de 19 °/₀ de la mortalité générale, ont été occasionnés par la *fièvre bilieuse hémoglobinurique*. Les vieux paludéens feront bien de méditer sur les funestes effets de cette endémie.

L'*hépatite* ou *abcès du foie* survient généralement après une diarrhée ou une dysenterie.

« Nous avons entendu parler de l'existence au

Soudan de l'abcès du foie essentiel sans dysenterie préalable... nous n'en avons pas vu[1]. »

De 1889 à 1908, il y a eu 54 décès d'hépatite suppurée ou abcès du foie et 23 d'hépatite accompagnée de dysenterie, ce qui fait, avec les 141 cas de dysenterie ou diarrhée simple, un total de 218 décès dus à ces maladies d'origine parasitaire.

« Quant à la congestion du foie fréquente, elle relève de quelque désordre intestinal provoqué habituellement par une hygiène alimentaire vicieuse ou par l'abus de la boisson...[1] »

L'*accès pernicieux*, l'*insolation* ou *coup de chaleur*, ne sont pas rares et se produisent généralement, en saison sèche, aux mois les plus chauds. De 1889 à 1908, 142 accès pernicieux suivis de mort ont été observés, ainsi que 48 décès par insolation ou coup de chaleur.

La période la plus fertile en accès pernicieux mortels est comprise entre les années 1891 et 1895.

A ces maladies, il convient d'ajouter la *fièvre jaune*.

1. Rapport annuel, 1904.

Depuis 1889, 6 épidémies ont éclaté faisant 64 victimes :

1° En 1891-1892 (Décembre, Janvier) . . . . 5 décès.
2° En 1897 (Septembre, Octobre, Novembre, Décembre) . . . . 16 décès.
3° En 1901 (du 13 Septembre au 15 Novembre), sur 9 ou 10 cas. . . . . 8 décès.
4° En 1902 (Octobre, Novembre), sur 8 cas. . 7 décès.
5° En 1903 (Janvier), sur 5 cas . . . . 3 décès.
6° En 1906 (Août, Septembre, Octobre, Novembre), sur 32 cas avérés et suspects . 24 décès.

Enfin, 1 cas isolé, suivi de mort, a surgi en 1907.

On remarquera que la fièvre jaune sévit de préférence à la fin de l'hivernage : en septembre, octobre et novembre.

Si la mortalité dans la colonie est élevée, la morbidité est alarmante.

Je mets sous les yeux du lecteur ce petit tableau concernant les troupes européennes seulement et s'appliquant à l'année 1905 :

Effectif moyen dans la colonie, environ.		473
Entrées à l'hôpital	566	673
Entrées à l'infirmerie	107	
Proportion pour 1.000.		1.422

1.422 entrées pour 1.000 hommes d'effectif !

« Encore, ajoute le rapport, ces chiffres sont bien au-dessous de la vérité. Il faudrait ajouter le nombre assez élevé, mais difficilement appréciable, des malades atteints d'accès simples ou d'indispositions légères pour lesquels le médecin n'a pas été consulté [1]. »

Ces considérations sont vraies pour chaque année !

Je ne puis parler de la pathologie des Européens sans dire un mot des conditions hygiéniques relatives aux postes les plus importants du Soudan. Je prends des exemples au hasard.

Segou :

« Le paludisme y est très fréquemment observé. Chaque Européen lui paie son tribut. Les habitations européennes échelonnées le long du Niger sont dans un état de délabrement auquel il conviendrait de remédier au plus tôt [2]. »

Niamey :

« Le paludisme tient la première place dans la morbidité affectant les nouveaux arrivants de France par voie du Sénégal ou du Dahomey [3]. »

1. Rapport annuel, 1905.
2. *Ibid.*
3. *Ibid.*

Zinder :

« Les quatre compagnies de la Section hors rang dont se compose le bataillon de Zinder sont réparties en douze postes sur un immense territoire ayant vaguement la forme d'un rectangle qui mesurerait 500 kilomètres dans sa plus faible dimension (distance de Zinder à Agadès = 430 kilomètres, de N'Guigmi à Bilma = 600) et 1.300 kilomètres dans la plus grande (distance de Niamey à N'Guigmi = 1.315 kilomètres). »

Les fatigues qui résultent des déplacements dans ces immenses régions sont des plus périlleuses.

« Aussi, tandis que la mortalité générale des troupes européennes stationnées aux colonies est de 13 °/₀₀, celle des cadres du bataillon de Zinder a été de 32 °/₀₀ [1]. »

Bobo-Dioulasso :

« Peu d'Européens y accomplissent leur séjour sans ressentir plus ou moins vivement les atteintes du climat [2]. »

Dori :

« Le poste et le village sont entourés de toutes parts par une mare en forme de fer à cheval d'une largeur

1. Rapport annuel, 1907.
2. Rapport annuel, 1905.

moyenne de 600 à 800 mètres qui les emprisonne étroitement. A la saison des pluies, la mare vient baigner les murs du poste ; elle se retire en novembre, mais les chaleurs les plus prolongées ne peuvent l'assécher. L'eau est stagnante et peu profonde, limoneuse, couverte sur les bords d'une très grande quantité de joncs et d'herbes aquatiques où fourmillent les larves de moustiques [1]. »

Sikasso :

« Au point de vue de l'hygiène locale, je ne peux que signaler la situation défavorable de Sikasso, qui occupe le fond d'une vaste dépression couverte en grande partie de marais pendant six ou sept mois de l'année. Et le quartier européen, contre tout bon sens, a été construit dans le bas de la ville à quelques pas d'une immense bananeraie et des marécages. Il est à souhaiter très vivement que des travaux de drainage ou d'asséchement améliorent un jour les conditions hygiéniques de Sikasso, où les Européens ont été et seront encore malades dans une trop forte proportion [2]. »

Kati :

« Lorsqu'on arrive à Kati, on est frappé par l'aspect minable de ces quelques maisons basses, isolées, éparpillées sur la colline, et on ressent l'impression très nette de se trouver en présence de constructions provisoires que l'on se prépare à abandonner d'un

1. Rapport annuel, 1906.
2. Rapport annuel du médecin du poste, 1907.

moment à l'autre... Les ressources que Kati et son misérable village indigène peuvent offrir à la population européenne et indigène sont presque nulles à l'heure actuelle et on est là depuis huit ou dix ans[1]. »

Si les bureaux militaires, les bâtiments de l'hôpital et les logements des officiers ont un aspect « minable », les locaux occupés par les sous-officiers sont littéralement « infects ». Construits en terre et lézardés, les murs menacent ruine. Les toits formés de paille vieille et pourrie dégagent une odeur nauséabonde. La pluie, s'infiltrant aisément dans ces spongieuses couvertures, inonde les appartements. Et pour éviter une douche particulièrement importune lorsqu'elle se présente la nuit, pendant le sommeil, les sous-officiers se glissent sous les tables, où ils attendent, accroupis, la fin de l'ondée[2].

En Mauritanie, les logements des Européens sont une dérision.

« Ce ne sont que simples cases indigènes, cases rondes avec chapeau de paille. Pas de véranda. »

Encore ces habitations représentent-elles un sérieux progrès sur les anciennes constituées

1. Lettre à M. le Lieutenant-Gouverneur du Haut-Sénégal-Niger (18 juillet 1907).
2. Renseignement particulier. Septembre 1908.

par des tentes maures entourées d'une barrière en paille.

Dans cette contrée, comme dans la plupart des territoires du centre africain, les légumes frais et les fruits sont inconnus. L'activité des militaires s'est bien appliquée à édifier des jardins. Mais la sécheresse, les insectes et les rats ont vite raison des jeunes pousses. De sorte que l'usage exclusif d'aliments de conserve et d'eau de mauvaise qualité ajoute sa perniciosité à celle du climat.

Dans le vaste Soudan, le service médical est une mystification. Le cadre complet prévoit une vingtaine de médecins des troupes coloniales, deux médecins hors cadre et huit médecins civils du service local.

Ces médecins n'occupent pas une situation des plus enviables. Placés dans des centres plus ou moins populeux, de cette population miséreuse et abrutie dont l'Afrique a le monopole, véritables Robinsons séparés du monde civilisé, privés de tout confortable et de tout plaisir, n'ayant pour reposer leur vue que des cases sordides et des paysages sans beauté, ils distillent lentement l'ennui, le mortel ennui qui conduit rapidement à la déchéance physique et intellectuelle !

Parfois, cependant, un nomade, un homme de

la brousse risque de les rencontrer, ces « hommes de l'art », dans un sentier sablonneux ou rocailleux, juchés sur un cheval minuscule et maigre... Ils se rendent, par étapes de 30 à 40 kilomètres, sous une pluie battante ou sous un soleil de plomb, auprès d'un malade situé à 100, 200 kilomètres et plus, car les titulaires des formations sanitaires ont à desservir des postes d'Européens qui sont des records en manière de banlieue.

Et quels sont les avantages de ces déplacements longs et difficiles? Le malade est le plus souvent mort ou guéri à l'arrivée du médecin; celui-ci souffre de la fatigue et prive de ses services la formation sanitaire à laquelle il appartient!

Certaines affections telles que la fièvre bilieuse hémoglobinurique, la fièvre jaune, sont particulières aux blancs; d'autres, au contraire, telles que le *ver de Guinée*, la *lèpre*, le *béribéri*, la *méningite cérébro-spinale*, la *variole*, la *maladie du sommeil*, sont l'apanage à peu près exclusif des noirs[1].

1. Le *choléra* est rare. Néanmoins, ceci dit à titre documentaire, 7 décès par choléra asiatique auraient été observés en 1893.(*Registre des décès* de l'hôpital de Kayes.)

Enfin, le *paludisme*, *l'accès pernicieux*, la *dysenterie* et l'*hépatite* sont communes aux deux races.

Malgré une accoutumance indéniable, les indigènes, disons-nous, ne sont pas exempts de *paludisme*, ni *d'accès pernicieux*. Les enfants surtout se distinguent par une rate volumineuse.

« Nous avons vu maintes fois à la consultation des femmes apporter leur petit nourrisson fébricitant, diarrhéique et déjà atteint de cachexie paludéenne[1]. »

Quoique mieux garantis que nous par leur foie contre les poisons et microbes intestinaux, les indigènes ont très fréquemment aussi de la *dysenterie*. Celle-ci devient d'autant plus aiguë qu'il est difficile de faire accepter la diète lactée par les malades.

L'*hépatite* suit la courbe de la dysenterie et de la diarrhée.

Les *vers de Guinée* abondent dans la colonie. L'eau de boisson leur sert de véhicule. Dans la région de Kayes et de Kati, les vers de Guinée

1. Rapport annuel, 1904.

sont assez nombreux... A Tombouctou, ils sont très nombreux, de même qu'à Bobo-Dioulasso...

Le médecin de Zinder-Tchad signale qu'à une certaine époque une compagnie de tirailleurs fut entièrement désorganisée par les vers de Guinée.

A Ouagadougou, les accidents dus à la présence de ces parasites occupent une place si prépondérante pendant l'hivernage qu'ils résument toute la pathologie d'une saison[1].

La *lèpre* est fréquente; les malades atteints de cette affection viennent rarement demander des soins. La statistique des consultations aux indigènes en 1907 accuse 175 cas.

M. Néel, médecin aide-major de 1re classe, déclare que la lèpre sévit avec intensité dans le cercle de Bougouni.

Dans sa tournée de 1908, un administrateur du cercle de Kayes, dont le zèle et la compétence en matière administrative sont très connus, a pu recenser 69 lépreux sur une population de 16.323 habitants (gens de Diombokho, de Séro et Maures Oulad-Askri). Il n'existe aucune léproserie. L'arrêté du 12 juillet 1907 sur la surveillance et la ségrégation des lépreux n'a pas encore reçu d'application.

1. Rapport annuel, 1904.

« Les malades circulent librement dans l'intérieur des villages et mangent avec leur famille au plat commun. La seule précaution qu'ils prennent, s'ils ont des plaies vives, c'est d'entourer la partie malade d'une petite bande de guinée plus ou moins propre.

« Ils sont aussi armés de chasse-mouches, mais ils ne les utilisent que lorsque les mouches deviennent trop agaçantes. »

Aussi la lèpre fait-elle de continuels progrès.

Les plus fortes épidémies de *béribéri* observées sont celles de Gao en 1905 et de Bamba en 1907. Des cas isolés se rencontrent tous les ans sur tout le territoire du Soudan.

La *méningite cérébro-spinale* est une maladie des plus redoutables. Tous les ans, les médecins des postes signalent des foyers de cette épidémie. Des villages sont parfois décimés ; les provinces de la boucle sont les plus éprouvées.

En 1908, M. Lowitz, médecin-major de 2e classe des troupes coloniales, aidé de son infirmier indigène, a relaté 2.258 cas mortels de méningite cérébro-spinale sur une population totale de 9.360 habitants répartie en sept villages.

L'épidémie intéresse particulièrement les régions de la Volta Noire.

Sur 73 villages, parcourus par M. Bargy, médecin aide-major de 1re classe, 21 étaient infectés. 300 décès dus à cette affection se seraient produits en trois mois environ[1].

La *variole* fait son apparition généralement au cours de la saison sèche, à l'époque la plus fraîche. Elle enlève 50 °/₀ des enfants des villages où elle sévit[2]. Malgré les nombreuses vaccinations, elle règne encore en maîtresse. Dans les provinces de Diombokho, de Sero et parmi les Maures « Oulad-Askri », dont la population totale, en 1906, était de 19.841 habitants, la variole a causé la perte, en deux années consécutives : 1906 et 1907, de plus de 2.000 enfants.

« Les indigènes s'imaginaient que les piqûres faites à un enfant bien portant ne pouvaient que lui faire du mal. Ils durent cependant se rendre à l'évidence lorsque survint la seconde épidémie de variole. Aucun des enfants vaccinés par M. le Dr Pichard ne fut atteint, alors que presque tous les autres furent plus ou moins touchés. Parmi ceux qui ont échappé à la mort, certains sont devenus aveugles pour le reste de leur vie, et je n'ai pas manqué de faire sentir aux parents toute leur responsabilité[3]. »

1. Rapport médical mensuel de Gaoua (mars 1908).
2. Rapport annuel, 1907.
3. Déclaration de M. l'administrateur X...

« Il n'y a pas de région au Soudan, écrit le médecin de Zinder, où la variole ait fait d'aussi fréquentes et d'aussi meurtrières incursions qu'à Zinder ; presque tous les adultes en portent des traces. »

La *maladie du sommeil*[1] fait de nombreuses victimes dans la partie la plus peuplée du Soudan français, dans la boucle du Niger, autour des Voltas, dans le Mossi et le Lobi. Des villages entiers ont été détruits en quelques années. D'autres sont actuellement en voie de disparition. Les indigènes, effrayés, fuient devant les ravages du mal.

Les cercles de Koury, de Gaoua, de Ouagadougou et de Sikasso comptent parmi les plus éprouvés.

L'hypnosie existe aussi à l'état endémique dans les cercles de Bobo-Dioulasso, de Bandiagara et de Segou, sur les rives du Bani.

Les seules régions indemnes de ce fléau sont les régions désertiques du Sahel et de Zinder.

Il ne sera pas sans intérêt de donner la nomenclature des maladies des indigènes observées

1. Une étude remarquable de la maladie du sommeil et de sa distribution géographique a été faite par M. Gouzien, médecin principal de 2e classe. (*Ann. d'hyg. et de méd. col.*, n° 11, 1908.)

dans les dispensaires de l'assistance médicale en 1907 :

Maladies épidémiques (variole, varicelle, méningite cérébro-spinale, suette miliaire, oreillons	260
Maladies vénériennes.	1.875
Maladies endémiques (Paludisme, maladie du sommeil, vers de Guinée, lèpre, béribéri)	2.487
Maladies sporadiques (tuberculose, etc.)	4.789
Maladies chirurgicales et cutanées (plaies, traumatismes, blessures de guerre, ophtalmie purulente.) . . .	10.640

Parmi les troupes indigènes, les maladies endémiques et épidémiques font moins de victimes que les maladies sporadiques.

Mortalité chez les troupes indigènes de 1900 à 1908.

ANNÉES	DÉCÈS PAR MALADIES					TOTAUX
	Endémiques	Sporadiques	Chirurgicales	Epidémiques	Vénériennes	
1900. . . .	9	14	7	»	»	30
1901. . . .	4	9	2	»	»	15
1902. . . .	5	8	6	1	»	20
1903. . . .	4	3	5	»	»	12
1904. . . .	12	29	15	6	»	52
1905. . . .	16	31	13	7	3	70
1906. . . .	15	28	10	3	2	58
1907. . . .	5	17	5	4	»	31
1908. . . .	6	10	26	2	»	46

•⁑•

Parmi les maladies chirurgicales, celles qui influencent le plus la morbidité sont les *traumatismes* et les *plaies*.

Les *blessures par flèches empoisonnées* font encore de nombreuses victimes. En 1905, pour la seule circonscription de Gaoua, il y a eu 300 morts et 200 blessés.

La plante vénéneuse employée est le strophantus.

« La récolte des grains et la préparation du poison ont lieu une fois l'an, vers le mois d'octobre. Les Lobis indiquent malaisément leur manière de procéder. L'ébullition des graines en est l'acte principal accompagné d'incantations et de pratiques fétichistes. Le poison préparé est déposé, non pas, comme on l'a dit, sur le fer des flèches, mais, ainsi que j'ai pu m'en convaincre, sur les liens végétaux consolidés par du caoutchouc qui unissent le fer au bois. C'est pourquoi les plaies profondes sont seules mortelles..... Je ne pourrais parler que par ouï-dire de l'action du strophantus. Dans les trois ou quatre premières minutes qui suivent la blessure, m'a-t-on dit, le malade ne paraît nullement incommodé, puis il s'agite, et surviennent des convulsions ; à cette phase, le blessé pousse de grands cris et paraît souffrir beaucoup. Puis tout cela s'apaise, le malade retrouve deux ou trois minutes de calme, pousse un soupir et meurt... Le drame a duré à peine un quart d'heure. Les chevaux ne mettent pas plus de quinze à vingt minutes pour succomber. J'ai pu constater trois fois les effets éloignés des flèches, effets qui sont fort graves. Car le strophantus n'est pas la seule substance employée par les Lobis pour empoisonner leurs flèches ; ils enduisent aussi leurs armes avec un pétrissage de crapauds, de têtes de serpents et de sang corrompu. Aussi, quand un blessé échappe à l'action foudroyante du strophantus, le produit septique introduit dans la blessure donne souvent lieu à la redoutable complication du phlegmon diffus. J'ai soigné trois cas de ce genre, au dos, à la main, au bras. Chaque fois l'infection était si virulente (la blessure remontait à trente-six ou quarante-huit heures) que le tissu cellulaire était mortifié d'emblée et s'éliminait sous forme de lambeaux grisâtres d'une odeur horriblement fétide. La suppuration franche ne s'établissait qu'après coup. Les symptômes généraux étaient des plus graves. Les grandes incisions profondes et multiples ont à chaque fois eu raison de tous ces accidents, mais il est certain que, dans la brousse, cette complication est souvent cause de la mort[1]. »

Les *maladies vénériennes* occupent une aire de distribution sans limites. Tous les médecins sont unanimes à constater la fréquence des

1. Rapport du médecin du poste, 1905.

maladies vénériennes parmi les indigènes. Voici un extrait de rapport fort instructif sur les modes de dissémination de la syphilis :

« Il est à remarquer que les indigènes se présentent rarement à l'observation du médecin. En ce qui concerne la syphilis, les accidents primaires, peu douloureux et peu gênants, passent inaperçus ou ont un siège extra-génital. La promiscuité dans laquelle vivent les noirs joue dans la genèse de cette maladie un rôle assez important. Prenant leurs repas, groupés autour d'une unique calebasse, ils plongent leurs mains plus ou moins propres dans le même récipient, en portant une partie du contenu à leurs lèvres et prenant bien soin de se lécher longuement les doigts pour les plonger à nouveau dans la masse alimentaire commune. Un camarade vient-il à passer? Le noir lui offre généreusement le récipient, boîte de conserve souvent, dans lequel il a commencé à boire et que l'autre achève de vider. Quels meilleurs moyens de transmission de la syphilis que ces fraternelles coutumes? Et, malheureusement, il ne sera guère facile de supprimer de la vie sociale indigène ces pratiques invétérées et d'introduire l'emploi du plat individuel. Y a-t-il si longtemps que la gamelle commune était en usage dans nos casernes et sur nos navires[1]? »

La statistique des consultations médicales de 1907 accuse 1.875 maladies vénériennes, dont 1.057 syphilis.

1. Dr W..... : Rapport annuel, 1905.

LIVRE II

COMMENT ON PÉNÈTRE ET COMMENT ON VOYAGE DANS L'INTÉRIEUR DU SOUDAN ET CE QU'IL EN COUTE

VOIES PRINCIPALES DE PÉNÉTRATION AU SOUDAN

Le fleuve Sénégal. — Le chemin de fer de Kayes au Niger. — Le Niger et les routes ou sentiers terrestres.

Le Sénégal a une physionomie particulière. Long de 1.032 kilomètres environ, jusqu'au confluent du Bakoï et du Bafing, drainant les eaux d'immenses et solitaires régions, il ne possède qu'un affluent vraiment digne de ce nom : la Falémé.

Large et sinueux, vierge de tout pont jusqu'à Saint-Louis, il est contenu par des bords ravinés et déchiquetés, aux dépens desquels il s'élargit chaque année, et n'a pour toute vallée que son propre lit. Tous les ans, de juillet à octobre, il subit une crue de hauteur variable, pouvant aller jusqu'à 12 mètres au-dessus de l'étiage, permettant à de grands bateaux de commerce d'en remonter le cours jusqu'à Kayes.

De novembre à juin, les eaux baissent progressivement. Pendant les mois d'avril, de mai et de juin, impossible, fût-ce pour éviter une catastrophe imminente, de quitter la colonie : la voie de communication avec la côte n'existe plus.

Comme un individu conscient de son importance et de sa puissance, ce fleuve, dont est tributaire une population nombreuse, suspendue à ses rives, impose ses caprices : sa crue tantôt avance, tantôt retarde; parfois elle n'a pas lieu, et parfois aussi elle pousse l'impétuosité jusqu'au débordement, semant la désolation dans des contrées déjà bien misérables!

Le Sénégal est fatal à plus d'un titre. Nous avons vu qu'il détenait pour les navigateurs une perpétuelle réserve de germes de maladie et de mort; nous allons montrer maintenant combien de dangers il présente pour la navigation : depuis 1892 seulement, il a occasionné une dizaine de naufrages et échouages[1].

1. Naufrages et échouages survenus dans le fleuve Sénégal depuis 1892 :

1° *Cigale* (Messageries fluviales), ancien aviso transformé en chaland de 375 tonnes. Echoué;

2° Chaland de fer de 200 tonnes (Messageries fluviales). Echoué;

3° Chaland de fer de 200 tonnes (Messageries fluviales). Coulé;

4° Chaland de fer de 200 tonnes (Messageries fluviales). Echoué;

Les monoroues et les chalands sont les moyens de locomotion les plus usités sur le fleuve.

Le monoroue est sans doute appelé ainsi, — car il possède en réalité deux roues, — parce qu'une seule bielle actionne les deux roues à la fois.

Deux monoroues[1] circulent entre Kayes et Saint-Louis. Ils se nomment l'un *le Tombouctou*, l'autre *le Sikasso*, du nom de deux agglomérations de cases indigènes dont il serait inexact de dire qu'elles se trouvent dans la banlieue de la capitale du Sénégal. Les cloisons transversales qui formaient jadis les cabines, ont été supprimées, et, de ce fait, les cloisons longitudinales

5° *René-Caillé*, remorqueur (Messageries fluviales). Coulé devant Kayes en 1898.

6° *Général-Dodds*, vapeur maritime (Buhan et Teisseire). Echoué en 1901, renfloué et acheté par Maurel et Prom pendant la crue de 1903 ;

7° *Sénégambie*, vapeur maritime (Buhan et Teisseire). Echoué, renfloué au bout de quelques jours ;

8° *Brière-de-l'Isle*, bateau à passagers (Messageries fluviales). Coulé, renfloué et transformé en chaland de 100 tonnes pendant la crue de 1906 ;

9° Chaland de fer de 100 tonnes n° 2 (Messageries fluviales). Echoué le 28 juillet 1907, renfloué pendant la crue de 1908.

Renseignements dus à l'extrême obligeance de M. MATHIVET, agent principal de la maison Devès et Chaumet.

(1) L'armement de ces bateaux est à la charge de la colonie du Haut-Sénégal-Niger. (Arrêté inséré au *Journal officiel* du Haut-Sénégal-Niger du 15 décembre 1906.)

subsistant seules, forment un assez long couloir au milieu du bateau, parallèlement au grand axe.

Les monoroues calent de 60 à 80 centimètres environ. La surface totale utilisable du pont et de la plate-forme est approximativement de 105 mètres carrés.

Pour vous édifier, cher lecteur, sur les conditions de navigation sur le Sénégal, permettez-moi de vous narrer les péripéties de mon voyage.

Ma relation véridique et modérée pourrait être contresignée pour tous les voyageurs allés au Soudan au moyen des monoroues.

A Saint-Louis, des camarades très charitables m'avisèrent que le monoroue ne constituait pas le dernier cri du confort et qu'il ne m'offrirait, en dehors du transport, que le plus complet dénuement. Je m'empressai de faire un achat de vivres pour la durée probable du parcours, et de me pourvoir d'un lit de campagne avec moustiquaire. Ce matériel devait être insuffisant et je dus, plus tard, à l'expérience et à la sollicitude de quelques passagers notables[1] d'avoir goûté tous les jours à une cuisine préparée par

(1) M. l'administrateur Bonnassiès, les commandants Patey et Frèrejean.

un cuisinier, et servi non pas sur le pouce, mais bien à table. Ces messieurs, en effet, familiarisés, beaucoup plus que je ne l'étais, avec l'installation des monoroues, qu'on peut qualifier sans exagération de très primitive, avaient pris de minutieuses précautions, et s'étaient assuré le concours, précieux en la circonstance, de quelques auxiliaires noirs qui me rendirent des services.

Le départ de Saint-Louis devait avoir lieu le 17 août 1907, à neuf heures du soir. Comme, avant d'embarquer, j'exprimais à un groupe de personnes stationnant sur le quai la crainte de me contusionner le corps au contact des nombreux colis amoncelés sur le bateau, dont, si j'ai bonne mémoire, tout éclairage, même au pétrole fumant, était exclu, un haut fonctionnaire fort aimable, attendri par mon embarras, m'offrit une boîte d'allumettes.

Je me glissai enfin avec prudence sur la passerelle composée de deux planches, dont la flexibilité inégale et très accusée aurait exercé l'art d'un équilibriste du cirque de Paris, et nous voilà en route vers le haut fleuve.

Nous sommes, sans compter les hommes de l'équipage, 41 passagers dont 7 officiers ou assimilés, 16 sous-officiers et 18 indigènes.

Les caisses de marchandises de toutes sortes,

empilées en masses compactes, le mobilier sommaire : lits de camp pliants, ustensiles de ménage, etc.., couvrent les trois quarts de la surface occupable. Car la plupart des voyageurs n'ont pas Kayes pour destination définitive : les uns vont en Mauritanie, où le ravitaillement n'est pas facilité par les richesses naturelles du pays, ni par le dévouement des Maures ; les autres se dirigent vers le centre de l'Afrique, dont la caractéristique n'est pas d'offrir à ses visiteurs l'agréable, ni même l'utile ; on conçoit que tous ces pionniers de la civilisation amènent avec eux une provision sérieuse de vivres et de munitions. On rencontre fréquemment des individus propriétaires de 15 à 30 colis et plus.

C'est attristant de voir tant de personnes se déplaçant avec peine, enserrées entre tant d'objets d'encombrement. Beaucoup en sont réduites à prendre position sur une malle ou sur une cantine quelconque.

Spontanément, il se présenta à mon esprit le souvenir de ces cachots du « *Paris révolutionnaire* », dont parle G. Lenotre, où étaient entassées cinquante personnes de tout sexe, de toute nuance, et de toute condition sociale, et où dix auraient trouvé place.

On vit dans la promiscuité la plus complète : colonisateurs et colonisés fraternisent dans la même infortune ; hommes et femmes se coudoient, sans penser à mal ; le tirailleur Bambara marche sur les orteils de son lieutenant ou de son commandant, et la réciproque a lieu, plus dangereuse, car le tirailleur n'a pour protéger ses extrémités inférieures que les chaussures dont l'a pourvu l'avare nature.

La dignité n'est plus qu'un vain mot ; l'autorité des chefs civils ou militaires auprès de leurs subordonnés ou de leurs sujets se trouve, du fait d'une trop grande intimité, considérablement amoindrie.

L'arrêté établissant quatre classes de passagers constitue une ironie. Ces classes peuvent théoriquement exister pour l'établissement de divers tarifs des places, mais effectivement il n'y a qu'une classe unique : celle des déshérités du sort. Les officiers ou assimilés partagent la plate-forme avec les indigènes ; quant aux cabines qui existaient encore en 1907, impossible de leur assigner un rôle utile. Des couchettes au plancher croulant, des matelas noircis par la crasse, sur lesquels se promènent en vieux conquérants des punaises, des puces, des poux de la tête et du pubis [1], une nuée de stégomyia

1. Les puces jouent un rôle important dans la dissémination de la peste, et très vraisemblablement aussi de

et d'anophèles, aussi agressifs qu'insatiables, n'inspirant pas une confiance des plus salutaires dans des contrées à fièvre jaune et à paludisme, en rendaient l'accès difficile, et dans tous les cas le séjour prolongé intolérable.

La vapeur d'eau s'échappant des conduites et se condensant au plafond pour retomber sous forme de gouttelettes sur les têtes humaines, la chaleur dégagée par la chaudière voisine, la fumée des fourneaux chauffés au bois plus ou moins vert, et disposés à l'avant pour la cuisson des aliments, la poussière de charbon, les épluchures de pomme de terre, les débris des repas, l'eau suintant des seaux en toile, etc..., tout cela donnait au rez-de-chaussée comme à l'étage supérieur un aspect repoussant, qui eût fait le désespoir d'un habitué des grands transatlantiques.

Les sous-officiers et soldats étaient campés sur le pont, où les conduisait, à l'avant, une échelle verticale, recouverte de noir de fumée, et à l'arrière, un escalier à rampe déboulonnée et à marches enduites de cambouis.

Une mauvaise tente, mal ajustée et laissant

la lèpre; les punaises sont susceptibles de propager le germe de la fièvre récurrente : *Spirochæta recurrentis* (Lebert); les poux ouvrent la porte à des infections secondaires.

les côtés à découvert, faisait mine de les protéger du soleil et des tornades. C'est dire que ces jeunes gens étaient exposés à toutes les intempéries.

Le soir venu, quand les lits de campagne étaient disposés, plus par habitude de se coucher que pour prendre un réel repos, impossible de faire un pas à gauche ou à droite. Circulaient seules librement ces puissances des ténèbres que la parasitologie désigne, en raison de leurs néfastes fonctions, du nom de diptères suceurs de sang.

Les coloniaux sont généralement gens endurants et rustiques ; ils savent subir le mauvais sort sans trop gémir ; mais les dames, en raison de leur instinct de pudeur, de leurs habitudes de propreté, de leur délicatesse enfin, souffrent terriblement de ces conditions déplorables de navigation. Obligées de procéder journellement à la toilette indispensable, de se vêtir et de se dévêtir sous les regards discrets ou indiscrets de compagnons de route accidentels, blancs et noirs, elles subissent une exhibition humiliante et outrageante qui répugnerait à la plus effrontée des catins !

Les conditions de l'alimentation ne valent pas mieux que celles de l'habitation et de la cohabitation. Chacun pourvoit à sa nourriture avec des conserves, ou des légumes secs achetés à Saint-Louis, ou apportés de France. Les vivres rencontrés en route consistent principalement en poulets maigres, en œufs dont la fraîcheur est douteuse, et en lait non pasteurisé. Les légumes frais et les fruits aperçus dans les vitrines des expositions coloniales, brillent partout ici par leur absence.

On fait provision de pain sur commande télégraphique de la veille ou l'avant-veille à l'un des points d'arrêt, au prix nullement modique de 1 franc à 1 fr. 25 le kilogramme. En principe les denrées, à mesure que l'on avance vers le Soudan, valent deux et trois fois plus cher qu'en France.

Les soldats, jusqu'en 1907, ont eu pour tout potage 1 fr. 85 à dépenser par jour. Depuis 1908, la paye journalière est de 2 fr. 35. Cette dernière somme ne suffit pas non plus et les malheureux militaires, si dignes cependant de considération, sont obligés de prélever le complément indispensable sur leurs économies antérieures ou sur l'argent de poche donné par les parents ou d'accepter les plus pénibles privations.

La cuisine constitue le principal souci matériel des passagers. Elle est d'autant plus ennuyeuse à préparer que les fourneaux dont on dispose sont en nombre trop restreint et d'une incommodité notoire.

Les popotes n'ayant pu se procurer pour une raison quelconque un boy et un cuisinier, ont à accomplir toutes les triviales exigences de l'art culinaire, depuis la cueillette du bois sur la berge, jusqu'au rinçage de la vaisselle.

Si encore la beauté du paysage jetait une note gaie ! Mais les bords latéraux du lit du fleuve, par leur élévation, limitent singulièrement l'horizon. Toutefois, ce que l'on aperçoit ne fait pas regretter outre mesure de ne pas pousser à fond l'exploration visuelle.

En beaucoup d'endroits, la végétation la plus luxuriante est représentée par des plantes qui, revivifiées avec de l'eau et de l'humus, seraient bien payées 0 fr. 65 pièce au marché de la Cité à Paris, par un collectionneur de plantes exotiques !

En dehors des grands et assez confortables bateaux faisant le service jusqu'à Kayes, de façon très incertaine, ou tout au moins irrégulière, pendant deux mois de l'année, à la saison des hautes eaux, les monoroues partagent le privilège de la navigation avec les chalands. Ceux-ci n'arrivent pas jusqu'à Saint-Louis. Ils circulent selon l'état du fleuve, entre Kayes et

Bakel, Matam et Cascas, points de jonction avec les monoroues ou les bateaux des « Messageries fluviales » faisant le service dans le Bas-Sénégal.

Les chalands! voilà encore un mode de navigation qui ne représente pas la suprême perfection! Les conditions d'existence y sont moins atroces que sur les monoroues, mais la durée du parcours est d'une lenteur désespérante. Je pourrais citer cinq convois entre cent dont deux mirent 39 jours, deux autres 50 et 52 jours, et le cinquième 62 jours pour venir de Saint-Louis à Kayes!

Un convoi de chalands marchant normalement, stoppe tous les jours de midi à une heure pour permettre aux passagers de préparer le déjeuner. Ceux-ci se débrouillent comme ils peuvent: les uns ramassent du bois, les autres vont acheter dans un village situé parfois à plusieurs kilomètres des œufs et des poulets. Une chaleur accablante et un soleil éblouissant président à ces opérations qui n'incitent pas à la gaieté.

Le soir, nouvel arrêt vers six heures jusqu'au lendemain matin. Nouvelles tribulations pour le dîner, installation du dortoir sur la berge.

De loin en loin, paraît-il, des paillottes offrent un asile, mais quel asile, grands dieux! les enseignes dont ces abris sont parés : « Restaurant des affamés », « Hôtel des Hyènes », etc. nous suggèrent leur valeur.

La situation devient extrêmement désagréable, quand ces barques font du steeple-chase sur des roches ou s'enlizent dans le sable. Elles sont alors débarrassées des bagages, que l'on confie à des porteurs, et des passagers, qui vont à pied dans le lit du fleuve à la façon des Hébreux, lors de la traversée de la Mer Rouge. Laptots et habitants des rivages riverains recrutés à cet effet, poussent les chalands, en les soulevant, jusqu'à l'endroit où se trouvera assez d'eau pour permettre la circulation normale.

De telles manœuvres sont forcément très lentes. Certains convois mettent facilement six jours pour couvrir 28 kilomètres, de Bakel à l'embouchure de la Falémé.

Parfois, la panne est complète. Un convoi parti de Saint-Louis le 5 mai 1908, a dû stationner pendant dix-huit jours dans un endroit situé entre Kayes et Bakel.

Au point de vue administratif, une durée de parcours aussi longue présente de gros inconvénients ; elle prive les services de fonctionnaires précieux et allège les caisses de l'État ou de la colonie de sommes importantes, représentant les indemnités de voyage, indemnités nullement exagérées dans des contrées comme le Sénégal ou le Soudan.

Les chalands sont équipés par le service administratif; la répartition du personnel est réglée par arrêté du Gouverneur général du 8 mars 1907. Le nombre des Européens admis par unité varie de deux à six selon la catégorie. A six, avec les bagages, le chargement doit être archi-complet, car la surface utilisable du rouf ne correspond qu'à 12 mètres carrés. Eh bien ! même ce nombre est souvent dépassé. En voici des preuves : vers le 28 mars 1908, 6 chalands prirent cinquante militaires sur soixante-quatre déposés à 4 kilomètres de Boghé. Les quatorze restants attendirent le convoi suivant.

Dans une autre circonstance, huit militaires furent jetés dans une même embarcation avec deux tirailleurs, deux femmes et deux enfants!

Le chemin de fer de Kayes au Niger ne présente aucun des inconvénients signalés à propos de la voie fluviale.

On peut lui reprocher cependant son prix de revient. Connaîtra-t-on jamais les sacrifices pécuniaires nécessités par sa construction?

M. Paul Vigné dans son interpellation à la Chambre, du 25 juin 1895, s'exprimait en ces termes :

« Les récriminations dont le chemin de fer de Médine au Niger a été l'objet, sont devenues tellement banales, que je me contenterai de rappeler à la Chambre que ce chemin de fer a coûté, de 1880 à 1883, 30 millions ; que ces 30 millions ont été votés et dépensés pour construire une trentaine ou une quarantaine de kilomètres, et qu'à l'heure actuelle les dépenses totales s'élèvent à 70 millions pour environ une centaine de kilomètres construits, et nous ne sommes pas au bout[1]. »

Dans un article très documenté[2], M. le capitaine Crosson-Duplessis dit qu'il n'a été dépensé en réalité pour le chemin de fer que 58.037.467 fr., dont 9.078.700 francs consacrés aux dépenses d'exploitation et d'entretien jusqu'à l'année 1904.

Si on consulte la notice : « *Chemins de fer en A. O. F.*, t. II « Haut-Sénégal Niger », on verra page 33, que la dépense globale pour la construction, de 1881 à 1905, est de 49.570.177 francs, défalcation faite des dépenses d'exploitation et d'entretien. En faisant le décompte des

(1) *Martyrs lointains*, par Vigné d'Octon.

(2) « Le chemin de fer de Kayes au Niger », par M. le capitaine Crosson-Duplessis. *Bulletin de la Société Française des Ingénieurs coloniaux*, 4e trimestre 1904.

chirffes indiqués sur la même notice, dans le texte consacré aux « fonds employés à la construction », on trouve comme dépenses de premier établissement ou de construction pour les diverses périodes de 1881 à 1905 : 45.944.109 fr. 82.

Les dépenses consacrées à l'entretien, à l'amélioration et à l'exploitation de la voie auraient été de 15.947.395 francs.

En additionnant les deux totaux généraux, on obtient une somme de 61.891.504 fr. 82, ce qui met la dépense kilométrique moyenne à 108.013 francs, la longueur totale de la ligne étant de 573 kilomètres, au lieu de 86.500 francs, chiffre de la notice officielle.

En raison de la discordance des chiffres cités par les auteurs, cette dernière évaluation : 61.891.504 fr. 82, doit être tenue pour incertaine... On a même le droit de soupçonner qu'elle est inférieure à la réalité...

Tel qu'il existe actuellement, le chemin de fer de Kayes au Niger rend d'incontestables services [1]. La compétence et l'activité du directeur et des chefs de service, le zèle des employés sont le plus sûr garant de son bon fonctionnement.

On ne saurait parler du chemin de fer du Soudan sans noter la cherté ou la rareté du

(1) Voici les renseignements statistiques concernant

combustible pour les locomotives et autres machines à vapeur. Le charbon revient à Kayes à près de 100 francs la tonne.

Quant au bois, non seulement son emploi

l'exploitation commerciale du chemin de fer de Kayes au Niger :

A) MOUVEMENT DES VOYAGEURS DANS LES TROIS DERNIÈRES ANNÉES :

	NOMBRE DE VOYAGEURS PAR TRAIN			
	1re classe	2e classe	3e classe	4e classe (Indigènes)
1905. . .	3,2	6,7	4,7	13,1
1906. . .	1,5	3,5	4,6	22,8
1907. . .	1,2	2,5	3,8	17,2

Les tarifs pour voyageurs sont très élevés.

Tarifs pour voyageurs de différentes classes.

Billets toutes classes :

	1re CLASSE par km.	2e CLASSE par km.	3e CLASSE par km.	4e CLASSE par km.
Jusqu'à 150 km. . .	0 35	0 20	0 12	»
De 150 à 350 km. .	0 28	0 16	0 10	»
De 350 au delà. . .	0 20	0 12	0 08	»
Sur tout le parcours.	»	»	»	0 05

Billets aller et retour :

	1re CLASSE	2e CLASSE	3e CLASSE	4e CLASSE
Jusqu'à 150 km. . .	0 2625	0 15	0 09	»
De 150 à 350 km. .	0 21	0 12	0 075	»
De 350 au delà. . .	0 15	0 09	0 06	»
Sur tout le parcours.	»	»	»	C 0375

Le prix du transport en grande vitesse (bagages, messageries, etc.) est de :

Jusqu'à 150 km., par tonne et par kilomètre . . .	1 50
De 150 à 350 km., par tonne et par kilomètre . .	1 20
De 350 au delà, par tonne et par kilomètre. . .	1 »

offre des inconvénients : puissance calorifique moindre que celle du charbon de houille, fumée intense, production d'étincelles au dehors, etc., mais encore la cueillette de la quantité suffisante

Suite de la note de la page 96.

Un voyageur effectuant le parcours Kayes-Koulikouro : 555 kilomètres, avec une tonne de bagages paierait :

Le billet d'aller en 1re classe . . .	149 fr.
Le billet d'aller en 2e classe . . .	86 fr.
Les bagages	668 fr.

B) Trafic :

1° Mouvement des marchandises à la montée sur la ligne du Niger.

Tonnage pour toutes catégories de marchandises :

1905	10.181	tonnes
1906	10.837	—
1907	14.537	—

2° Mouvement des marchandises à la descente :

Tonnage pour toutes catégories de marchandises (abstraction faite des moellons du Fouty et du sable du Paparan) :

1905	3.843	tonnes
1906	8.038	—
1907	10.380	—

Les marchandises destinées à être transportées en petite vitesse sont divisées selon leur nature en trois catégories.

Les tarifs généraux qui leur sont appliqués tant à la montée qu'à la descente sont de :

Jusqu'à 150 km., par tonne et par kilomètre . . .	1 20
De 150 à 350 km., par tonne et par kilomètre. . .	1 »
De 350 au delà.	0 80

pour les objets compris dans la première catégorie

pour les besoins du chemin de fer ne sera rien moins qu'aisée. Le Soudan ne possède pas de forêts, et la qualité des arbres utilisables laisse tout à fait à désirer.

(armes, effets, kolas, ivoire, literie, mercerie, plumes, parfums, étoffes, soie, tabac fin, verroterie).

Jusqu'à 150 km., par tonne et par kilomètre. . .	0 80
De 150 à 350 km., par tonne et par kilomètre . .	0 60
De 350 au delà.	0 40

pour les objets compris dans la deuxième catégorie (boissons, épicerie, vivres, articles de ménage, meubles, quincaillerie, etc.)

Jusqu'à 150 km., par tonne et par kilomètre. . .	0 30
De 150 à 350 km., par tonne et par kilomètre. . .	0 20
De 350 au delà.	0 10

pour les objets compris dans la troisième catégorie (produits du pays, bois, matériaux de construction, etc.).

Dans le but de favoriser les transactions commerciales, des Tarifs spéciaux sont applicables pour wagons complets de deux tonnes à certaines marchandises dont la valeur intrinsèque est peu élevée.

C'est ainsi que les moellons, briques, tuiles, fers et aciers bruts, charbon de terre, ciments, bois de construction bruts, produits du pays, paient à la montée :

Jusqu'à 150 km., par tonne et par kilomètre . . .	0 15
De 150 à 350 km., par tonne et par kilomètre . .	0 10
De 350 au delà.	0 05

que les produits du pays : mil, arachides, karité, riz, coton, peaux, laine, etc., paient à la descente :

Jusqu'à 150 km., par tonne et par kilomètre . .	0 075
De 150 à 350 km., par tonne et par kilomètre . .	0 05
De 350 au delà	0 025

Cette question capitale a vivement préoccupé l'administration du chemin de fer, qui a demandé et obtenu un agent spécial des eaux et forêts afin d'utiliser de la façon la plus avantageuse les maigres ressources forestières de l'endroit.

Les traverses de la voie ferrée et les poteaux télégraphiques sont en fer. Cela pour deux raisons : d'abord, parce qu'on ne trouve pas sur

que le matériel de machines ayant une destination agricole ou industrielle paye :

Jusqu'à 150 km., par tonne et par kilomètre . . .	0 40
De 150 à 350 km., par tonne et par kilomètre. . .	0 30
De 350 au delà.	0 20

que les bois, fers, aciers, pour constructions, fontes et tôles brutes ou ouvrées pour bâtiments ou canalisations payent :

Jusqu'à 150 km., par tonne et par kilomètre . . .	0 12
De 150 à 350 km., par tonne et par kilomètre. . .	0.08
De 350 au delà.	0 04

Un autre tarif spécial de 100 francs la tonne est en vigueur pour toutes catégories de marchandises à destination du Tchad.

Le prix des transports aux tarifs généraux est excessif. Ainsi, une tonne de marchandises qui paye de Bordeaux à Kayes, à la saison des hautes eaux, 65 francs, coûte de Kayes à Koulikouro 321 francs si elle appartient à la deuxième catégorie, et 542 francs si elle appartient à la première.

A la descente, le prix de la tonne des produits du pays, bénéficiant du tarif spécial, n'est que de 26 francs environ. Ce tarif, s'il est avantageux pour les commerçants, est loin d'être rémunérateur pour le chemin de fer.

place du bon bois de construction ; ensuite, parce que les termites se chargent de dévorer en peu de temps le bois qui aurait la propriété de résister aux effets de l'action combinée de l'extrême sécheresse et de l'extrême humidité.

Deux trains de voyageurs par semaine font la ligne Kayes-Koulikouro et inversement. Les deux s'arrêtent à la fin du premier jour à Toukoto (239 kilomètres). Le lendemain, le train parti de Kayes le dimanche s'arrête le soir à Bamako, d'où il repart pour Koulikouro le jour suivant.

Celui parti le jeudi arrive à Koulikouro le lendemain soir.

⁂

En dehors du Sénégal et du chemin de fer de Kayes à Koulikouro, les autres voies principales de pénétration et de communication sont : le Niger et quelques routes ou sentiers terrestres.

Des pirogues, des chalands et un bateau à vapeur, confortable, assure-t-on, le « Mage », parcourent le Niger.

J'ignore si des explorateurs ou des économistes, toujours bien informés, n'ont pas placé au cœur du Soudan des routes empierrées, carrossables, bordées de platanes ou de caïlcédrats, soigneusement entretenues par des cantonniers. Toujours est-il qu'il y a une dizaine d'années, une forte commande fut faite de voitures automobiles.

Ces engins de locomotion s'effarouchèrent sans doute des sentiers étroits, broussailleux ou rocailleux, sablonneux, ravinés, uniques voies de terre, présentes et à venir, bonnes tout au plus pour piétons, chameaux ou bœufs porteurs, car ils ne servirent point. Un hangar les abrita, et aujourd'hui, sous ce même hangar, installé à Kayes sur le bord du fleuve, on peut contempler à loisir une exposition permanente de vingt-neuf voitures automobiles, rongées par la rouille, dévorées par les termites, hors de tout usage.

Avait-il la berlue, me direz-vous, celui qui a commandé des autos pour un pays où il n'y a pas, et où il ne peut pas y avoir de routes carrossables?... Jugez vous-même.

Pauvre contribuable!... si tu avais dans ta poche tout ce qui a été dépensé en pure perte aux colonies.....

RAPPORT DES VOYAGES AU SOUDAN AVEC L'HYGIÈNE ET LA SANTÉ DES VOYAGEURS

La montée du Sénégal. — De Kayes au Niger. — Des convois par terre dans l'intérieur de l'Afrique. — Supplique à Monsieur le Gouverneur général.

Les traversées sur le fleuve ne se font pas impunément. L'on a beau considérer comme un avantage de ne pas incliner son auguste front devant le Neptune des eaux douces, beaucoup moins intraitable que celui des océans, ça ne vaut guère mieux pour cela. La fatigue, le découragement et la maladie font vite leur apparition.

« Pour comprendre les causes de la haute morbidité palustre au Soudan, écrit en 1905 M. le sous-directeur du Service de santé du Haut-Sénégal et Niger, en dehors des circonstances locales propres à chaque contrée, il convient de jeter un coup d'œil sur les conditions dans lesquelles s'effectue le transport des troupes destinées aux divers postes de la colonie. Naguère, les militaires qui montaient de Saint-Louis à Kayes à la saison des hautes eaux, étaient parqués en masse sur le pont ou sur le faux-pont du paquebot, exposés à toutes les intempéries, et arrivaient dans cet état à Kayes, où bon nombre d'entre eux ne touchaient ni quinine préventive, ni moustiquaire, du moins dans les premiers jours de leur arrivée. Nous avons assisté, dans ces conditions, au développement de plusieurs cas de fièvre paludéenne, qui même, une fois, chez des sapeurs du Génie, affectèrent en quelque sorte une allure épidémique.

Quand les eaux commencent à baisser, que les gros navires ne sont plus en mesure de remonter le Sénégal, les conditions du voyage sont encore plus défectueuses pour les hommes, surtout quand ils doivent effectuer le voyage, mi-partie sur monoroue, mi-partie sur chaland[1]. »

Ces considérations s'appliquent au personnel civil comme au personnel militaire...

« Parti de Saint-Louis en juillet 1906 dans les meilleures conditions, raconte M. le Dr B..., j'arrivai à Kayes très fatigué. Je pris sans tarder le chemin de l'hôpital ainsi que plusieurs de mes compagnons de route, terrassé par une forte fièvre qui ne me laissa pas de répit pendant dix jours consécutifs. »

1. Rapport médical annuel de 1905.

« A l'arrivée à Bakel, est-il dit dans le rapport mensuel de Janvier 1907, l'état sanitaire d'un convoi, parti de Boghé le 28 décembre 1906, était si mauvais, qu'un médecin fut envoyé d'urgence à sa rencontre. Arrivé à Kayes le 14 janvier, quatre hommes entraient à l'hôpital, dont trois pour paludisme contracté en cours de route : l'un d'eux succomba le lendemain. »

Notez qu'on était au mois de janvier, époque la plus favorable de l'année.

Au début du mois de mars 1907, deux jeunes soldats, venant de France et rejoignant le Soudan, après un long et pénible voyage, entraient à l'hôpital peu de jours après leur arrivée. Tous deux moururent : l'un au bout de vingt jours, l'autre, plus résistant, au bout de cinquante-deux.

Parmi les quatorze militaires restés à Boghé, en attendant l'arrivée de chalands supplémentaires dont il a été parlé précédemment, un dut être évacué sur l'hôpital de Saint-Louis, un autre s'arrêtait à Kaêdi, pris d'un violent accès de fièvre. Un troisième contractait les germes d'une maladie tenace l'obligeant, au bout de six mois de présence dans la colonie, à prendre le chemin du retour.

Dans un convoi d'août 1907, la fièvre paludéenne se déclara chez un sergent dont l'état, assez grave, nécessita l'hospitalisation dès le débarquement.

En novembre, sur vingt-sept militaires partis de Saint-Louis, trois se dirigeaient sur l'hôpital de Kayes. L'un d'eux mourait treize jours après son admission.

Un autre exemple mérite d'être rapporté en détail.

Le 25 avril 1908, le « Tombouctou » devait partir de Podor pour le haut fleuve avec vingt-cinq Européens, quatre indigènes et le courrier. Un jeune et courageux médecin[1] fit valoir les inconvénients de voyager en aussi grand nombre à l'époque la plus meurtrière de l'année. On ne l'écouta pas. Mais ce qu'il ne put obtenir au nom de l'hygiène, le pilote l'obtint en refusant net de partir avec un chargement aussi complet.

Le convoi se scinda alors en deux parties : l'une partit immédiatement. Sept officiers et dix sous-officiers, formant la deuxième fraction, restèrent à Podor. Campés dans un local de circonstance, ils attendirent la prochaine occasion pour continuer la route. Cette occasion se présenta le 3 mai. Elle leur permit de pousser jusqu'à Cascas, où s'imposa une nouvelle halte de

1. Lautier, médecin aide-major des Troupes coloniales.

plusieurs jours dans les conditions d'installation les plus fâcheuses.

Le 9 mai, la petite troupe s'augmenta de vingt-trois Européens partis de Saint-Louis à une date ultérieure. Une flotille de chalands, la plupart très sales et prenant l'eau, arriva enfin le 10. Les toiles destinées à garantir les passagers contre les tornades et le soleil étant déchirées, le chef de convoi prit l'initiative, la veille du départ, de faire préparer et placer des paillottes protectrices.

On se mettait en route le 11.

Le lieutenant St... éprouvait du malaise. Le lendemain, il avait des vomissements, de la diarrhée et des douleurs. Comme son état s'aggravait, on le conduisit, par pirogue, à Kaêdi, poste pourvu de médecin. Deux ou trois jours après son arrivée dans cette localité, le cruel destin le ravissait à l'estime de ses camarades pour allonger la liste des victimes du Sénégal.

Le gros du convoi, poursuivant lentement sa route, arrivait à Bakel le 27 mai, et le 4 juin à la Falêmé. Ici, l'eau faisait totalement défaut. Au bout de huit jours d'attente forcée, trois officiers, les capitaines M... et A... et le lieutenant F... étaient pris, à quelques heures d'intervalle, de vomissements, de diarrhée, de vertiges et de frissons. Une médication énergique fut impuissante à supprimer ces troubles. Et, pour comble d'infortune, le premier soir de leur maladie, ces malheureux subirent une épouvantable tornade.

Malgré une intervention du médecin de Bakel, l'état des malades ne s'améliorant pas, on fit diligence pour les évacuer sur l'hôpital de Kayes. La voie fluviale étant momentanément supprimée, c'est la voie terrestre qu'on suivit.

Les officiers, couchés sur leur lit Picot, transformé en brancard d'ambulance, furent confiés à des porteurs indigènes. La première nuit de marche terminée, les malades occupèrent une case indigène, pour se soustraire à l action de la chaleur intense du jour. Reprise de la marche la nuit suivante, et, le lendemain, second arrêt au village d'Ambidédi. Là, impossible de remplacer l'équipe des porteurs. Les officiers restèrent simplement en bordure le long du chemin.

Par un hasard providentiel, vinrent à passer des muletiers ayant mission de se rendre dans un poste des environs. Quelques mulets réquisitionnés servirent de montures.

L'équitation rendue obligatoire à des organismes épuisés par la douleur et par la fièvre, voilà, certes, un nouveau stigmate de la pénurie habituelle des moyens de transport, autant que de leur mauvaise qualité!

Bref, nos malades, privés de soins et de nourriture, exposés au soleil brûlant, arrivèrent à Tomboukané, où le médecin des troupes coloniales, mandé d'urgence, les rencontra.

Après avoir reçu les premiers secours, ils se dirigèrent vivement vers l'hôpital de Kayes, où ils entraient le 12 juin.

Le lieutenant F... succombait cinq jours plus tard, et c'est seulement après vingt jours de traitement que les deux capitaines ont été considérés, sauf complications ultérieures impossibles à prévoir, comme définitivement rescapés.

Pendant que ces tristes événements se déroulaient en route, et que l'hôpital de Kayes était plongé dans la consternation, le reste du convoi stationnait au confluent asséché de la Falémé et du Sénégal. Quatre sous-officiers tombaient malades à leur tour. Le sergent fourrier R... était pris de coliques violentes, de vomissements et présentait bientôt après les symptômes d'une dysenterie grave. Ce jeune homme essaya tout de même de rejoindre son poste, mais, après un séjour de deux mois à l'hôpital, un congé de convalescence le renvoyait à sa famille, amaigri de 27 kilogrammes et profondément anémié.

En souvenir de tant de circonstances pénibles, les militaires de ce convoi se sont parés du titre tragi-comique de « Survivants de la Falémé ».

La première fraction du convoi, si elle ne compta pas de décès, eut aussi des malades : un caporal prenait sur le fleuve les germes d'une maladie qui le retint à l'hôpital pendant dix-huit jours, à compter du moment de son arrivée à Kayes. Un officier d'administration garda, pendant longtemps, une affection intestinale réveillée en cours de route.

Enfin, le caporal L... contractait également sur le fleuve, en juillet 1908, une maladie dont les premiers symptômes furent des vomissements bilieux, de la diarrhée et de la fièvre, l'obligeant, deux mois après, à quitter la colonie dans un état inquiétant.

D'une correspondance reçue par M. Vigné d'Octon, il résulte que, pendant l'année 1909, 2 sous-officiers, 6 soldats et 3 civils ont été atteints de maladies graves, dont deux mortelles, à la suite de la montée ou de la descente du Sénégal, effectuée dans des conditions déplorables.

Il est regrettable que des statistiques spécialement établies ne donnent pas le chiffre exact des victimes du fleuve, car les exemples énumérés plus haut sont recueillis au hasard des lectures et des conversations.

Je n'ai pu trouver qu'une statistique officielle, mais navrante, datant de 1890 : sur 12 Européens décédés dans la colonie du Haut-Sénégal-Niger, en octobre 1890, 9 sont portés comme ayant pris les germes de mort sur le Sénégal[1].

La perniciosité des eaux de ce fleuve étant des plus manifestes, il reste à la combattre par la stérilisation et la filtration. Malheureusement, ces opérations, confiées aux initiatives individuelles, ne sont pas strictement pratiquées, soit par oubli, soit par ignorance ou par impossibilité matérielle.

L'installation de filtres s'impose partout, même sur les monoroues et les chalands.

Les militaires, passagers de beaucoup les plus nombreux, sont les plus éprouvés par l'absence d'eau convenablement épurée. L'intendance délivre bien des filtres pour groupes, mais, par leur mauvais fonctionnement ou par l'insuffisance de leur débit, ces filtres manquent le but utilitaire.

Je citerai un convoi de 32 sous-officiers et soldats répartis sur plusieurs chalands, à qui l'on a remis seulement 3 petits filtres.

Par une circulaire en date du 16 septembre 1907, M. le Gouverneur général par intérim de

1. *Archives de la sous-direction du Service de santé de Kayes* (reg. des décès).

l'A.O.F. a établi des gîtes d'étapes et des postes de ravitaillement à Bakel, Matam, Cascas et Podor. Cette circulaire prévoit des légumes secs, de la viande, du pain, du vin, mais de l'eau potable point. Elle ne spécifie pas davantage que les denrées d'approvisionnement devront être de qualité excellente, rigoureusement contrôlée.

On s'étonnera de ce que le gouvernement local ait destiné de nombreux millions à l'édification de l'assez utile habitation seigneuriale de Koulouba sans songer à consacrer quelques milliers de francs à des aménagements, à des œuvres d'humanité, dont l'urgence est criarde depuis bien des années.

En 1888, M. le Dr H. Lamy, médecin de la marine, a fait la description des conditions de navigation à bord des avisos du fleuve, dignes prédécesseurs des monoroues actuels. Sur ceux-là aussi l'entassement des passagers, la saleté repoussante des locaux inspiraient le dégoût. Matelots de l'équipage, troupiers français, débilités ou gravement malades, indigènes « dépenaillés », matériel et bagages transportés, formaient un indescriptible tohu-bohu[1].

1. Dr Hippolyte Lamy : « Contributions à l'hygiène navale ». *Thèse de doctorat en médecine* de la Faculté de Paris, 1888.

Ne demandez plus l'influence d'un tel encombrement sur l'état sanitaire.

Les voyages au Soudan ont été jusqu'à l'heure actuelle, à de rares exceptions près, de longs calvaires, au bout desquels de trop nombreuses personnes ont trouvé la souffrance, la maladie ou la mort!

Avec M. R. Blanchard, l'éminent professeur de la Faculté de médecine de Paris, membre de l'Académie de médecine, disons à l'Administration responsable :

« Il n'est plus permis d'exposer des êtres humains à d'aussi dangereuses conditions. L'ignorance pouvait excuser naguère des installations aussi meurtrières ; celles-ci ne sont plus admissibles aujourd'hui. Vous avez le devoir impérieux et urgent de prescrire les mesures les plus radicales pour que prenne fin une aussi lamentable situation[1]. »

Ce n'est plus un long sentier péniblement disputé aux indigènes, et jonché de cadavres de soldats, appartenant aux colonnes expéditionnaires, qui relie Kayes au Niger, mais bien une voie ferrée.

1. *Le Mois colonial et maritime*, n° 62, 1908.

Les voyageurs trouvent aux gares de Toukoto, de Bamako et Koulikouro, hôtel et buffet, indépendants du chemin de fer, leur offrant une hospitalité plus ou moins princière.

Les militaires de grade inférieur, dont le gousset a déjà été dégarni par la montée du Sénégal, sont assez mal partagés. Malgré les tarifs réduits qui leur sont appliqués[1], ils ne peuvent de par leurs indemnités prétendre au confort offert par ces établissements.

« Aussi, écrit, en 1907, un sous-officier voyageant à l'époque des tornades, il faut nous réfugier sous les hangars de la gare, car il est interdit de chercher un abri sous la véranda du buffet ».

Il y a bien des cases de passagers à l'usage de la clientèle militaire, mais elles ont le tort « d'être dans un état de délabrement complet ».

Les cases de campement de Koulikouro ont, en outre, l'inconvénient d'être très éloignées de la ville et de la gare.

A la suite de critiques, formulées en 1907, par le général Audéoud, ces cases destinées aux militaires de passage sont remplacées par des pavillons en maçonnerie.

1. Tarifs appliqués : déjeuner, 1 fr. 50; dîner, 2 francs pour les militaires non gradés ; déjeuner, 1 fr. 75; dîner, 2 fr. 25 pour les sous-officiers; la chambre, 3 fr. 50 pour tout le monde.

Je parlerai des conditions hygiéniques dans lesquelles s'effectuent les transports fluviaux du Niger aux basses eaux, c'est-à-dire pendant la plus longue période de l'année.

Ces transports se font en chalands, dont la qualité, en 1907, était exécrable, ainsi que pourraient le confirmer de hauts témoignages.

Sur le Niger, le surnombre des passagers, à bord de ces barques, est aussi gênant que sur le Sénégal, et les difficultés de ravitaillement sont analogues. On risque d'être infecté par les moustiques à fièvre jaune et à paludisme, qui pullulent sur les bords du fleuve.

Des accès bilieux sont fréquemment la résultante de ces voyages.

Qu'il me suffise de reproduire quelques exemples rapportés par des témoins :

« En Juillet 1906, sur 5 militaires désignés pour Tombouctou et Niamey, l'un restait à Ségou, atteint de fièvre bilieuse, et un autre arrivait à Tombouctou, également en possession d'une fièvre bilieuse accompagnée d'ictère; les trois autres étaient fatigués. »

En juin 1907, sur un convoi de 22 sous-officiers, l'un d'eux dut s'arrêter à l'infirmerie de Mopti et d'autres entrèrent à l'ambulance de Tombouctou.

M. le médecin-chef de cette dernière formation sanitaire écrivait, en 1904, à M. le médecin délégué de Kayes :

« Dans mon rapport de fin d'année, j'ai insisté sur les conditions épouvantables dans lesquelles on fait voyager les Européens au Soudan. Entre Bourem et Ausongo, j'ai eu à soigner deux sous-officiers qui venaient de France, et étaient déjà impaludés. Les malheureux sergents ont reçu un couvre-pieds en quittant Bordeaux.

« Dans la colonie, pour se rendre jusqu'à Dori, plus de deux mois de voyage, on ne s'est préoccupé nulle part de leur fournir la literie la plus sommaire... pas de moustiquaire, pas même une natte, pas de filtre bien entendu, pas le moindre ustensile de cuisine... Ils manquaient également d'argent pour se procurer quelques ressources dans les villages, les sous-officiers mariés ou veufs avec enfants touchant seuls les avances de solde.

« C'est de *l'inhumanité* de faire voyager d'une façon aussi lamentable des Européens dans une colonie meurtrière comme le Soudan. Avant d'appliquer l'assistance médicale aux nègres, on aurait comme premier devoir de s'occuper de fournir l'indispensable à des Français seulement coupables d'être militaires.

« A Tombouctou, deux sous-officiers sont actuellement à l'infirmerie et sont venus ici exactement dans les conditions déplorables de leurs camarades [1]. »

« Une des causes principales des accès paludéens chez les nouveaux arrivants, conte l'année sui-

1. Correspondance des postes.

vante un autre médecin, réside dans les conditions fâcheuses de transport imposées aux Européens en général et dont les sous-officiers et les soldats ont surtout à souffrir. Pirogues et chalands, la plupart en mauvais état, contribuent certainement par leur absence complète de confort à préparer les voies au paludisme, ainsi que d'autres causes telles que l'insuffisance de l'alimentation, le désœuvrement, les libations copieuses en cours de route, etc.

« Les formes morbides les plus communément observées sont l'intermittente ou la rémittente bilieuse.

« Des cas d'anémie palustre ont été constatés chez des Européens arrivant directement de France à la suite de nombreux accès de fièvre contractés durant le trajet.

« La diarrhée est également assez fréquente à Tombouctou. Comme la dysenterie, elle est la conséquence de la mauvaise qualité de l'eau souillée par les immondices déposées le long des berges et entraînées par les premières pluies ; l'absence ou le mauvais fonctionnement des filtres de campagne, le régime défectueux et insuffisant auquel, faute de ressources, sont astreints nos troupiers, favorisent dans une large mesure l'éclosion des affections gastro-intestinales et hépatiques pendant la descente du Niger [1]. »

Peu de modifications ont été apportées de-

1. Rapport annuel de 1905. Pathologie du poste de Tombouctou.

2. Octobre 1907, Rapport annuel du Médecin de l'ambulance de Tombouctou.

puis 1904 et 1905. L'extrait d'un rapport tout récent[2] va nous renseigner à cet égard :

« L'état sanitaire de la région pour le mois d'octobre 1907 a été plutôt mauvais. Sur 12 Européens traités à l'ambulance, 8 venaient d'arriver à Tombouctou. Dans le poste même, il n'y a pour ainsi dire pas de paludisme autochtone. Ce sont les passagers sous-officiers et soldats voyageant dans des *conditions déplorables*, manquant de matériel de campement strictement nécessaire, sans argent ni ressources d'aucune sorte, qui alimentent notre clientèle hospitalière. Il serait urgent que le Commandement supérieur prît enfin des mesures pour assurer aux militaires en route, sinon du confortable, du moins le nécessaire : matériel de cuisine, vivres ou une indemnité plus élevée. C'est ainsi qu'un soldat de 2e classe non rengagé, et n'ayant par suite pas droit à la haute paye, touche la somme ridicule de 5 francs par mois aux colonies. »

« Nous avons eu l'occasion de faire ressortir, dit M. le Sous-Directeur du Service de santé dans un rapport[1], combien était pénible la longue route du Sénégal-Niger jusqu'à Niamey, dont la durée est généralement de plus de trois mois. Il serait nécessaire d'épargner aux hommes les fatigues évitables et de ne point renouveler l'*expérience si désastreuse*,

1. Rapport annuel de 1905.

à en juger par les renseignements qui nous sont parvenus, de la traversée de la boucle par les colonnes militaires destinées à la relève du Tchad. Ces détachements ne peuvent manquer de semer en route une partie de leur effectif, et les Européens qui ont pu tenir jusqu'au bout sont une proie offerte au paludisme toute désignée pour un rapatriement anticipé, quand des complications graves, comme le fait s'est produit récemment, ne viennent pas donner le coup de grâce à ces organismes épuisés. »

Voici en quoi consiste l'expérience désastreuse à laquelle il a été fait allusion plus haut :

« Des troupes sont parties de Koulikouro au mois d'août 1906, allant vers Niamey. La compagnie est arrivée exténuée. Un officier et un sous-officier sont morts. La compagnie n'a pu reprendre sa route qu'après huit jours de repos et en abandonnant 27 tirailleurs. Un sous-officier a dû être rapatrié[1]. »

La route du Dahomey pour rejoindre les territoires militaires n'est pas plus recommandable que la voie fluviale :

« Nécessitant un trajet par terre d'une durée minimum de vingt-quatre jours à travers des pays malsains, peu habités et très pauvres, elle est pénible tant par la fatigue du voyage en hamac et la chaleur ambiante que par la rareté des vivres frais et la mauvaise qualité habituelle des eaux de boisson[2]. »

1. Rapport annuel de 1906.
2. Rapport annuel de 1905. Poste de Niamey.

Les convois par terre ont été et sont encore une terrible épreuve. A la saison sèche, il faut subir l'action meurtrière des rayons solaires pendant une partie de la journée. Les heures les plus chaudes, on les passe sous la tente ou dans une case jouant l'une et l'autre l'office de véritable étouffoir. La nuit, qui permettrait seule un repos relatif, est consacrée à la marche. Une poussière fine et âcre soulevée au moindre vent irrite les muqueuses du nez et du pharynx... La scène change quand les pluies se mettent de la partie! La route se creuse d'ornières, l'air se sature d'humidité. Les vêtements mouillés de la veille ne peuvent sécher; les marigots se remplissent, et comme il n'y a de ponts, même sur les routes fréquentées, que dans de rares cercles, obligation est faite de les traverser à la nage. A l'étape, le sol détrempé par l'eau ou une paillotte démolie par la tornade offre l'habituel asile.

La floraison des bronchites, des rhumatismes et des dysenteries apparaît dans toute son intensité.

Telles sont les conditions dans lesquelles circulent les convois, partout où la voie ferrée et la voie fluviale font défaut. Le centre africain peut posséder l'attrait de l'inconnu, mais il n'offre certes pas celui du bien-être.

Au Tchad, c'est la presse parisienne qui jette l'alarme :

« Nos soldats manquent d'argent, de médecin et de médicaments [1] ».

•‡‡•

Monsieur le Gouverneur général,

Sachant combien toutes les publications sur l'Afrique occidentale française vous intéressent, je ne crois pas pécher par présomption en supposant que vous lirez mon livre.

La description faite ici des moyens de pénétration au Soudan et des conditions de voyage n'a rien d'inexact ni d'exagéré.

Vous avez entendu tout à l'heure des paroles d'humanité et de raison tombées de la plume d'une personnalité aimée et honorée dans le monde scientifique et colonial. Permettez-moi maintenant de vous adresser une prière : les officiers, les sous-officiers, les soldats, les fonctionnaires que la métropole envoie aux colonies sur lesquelles rayonne votre autorité, se font un devoir de servir avec zèle et dévouement.

1. *Le Journal* du 9 mars 1908.

Mais tous ont droit au retour dans la mère-patrie tant qu'ils n'auront pas trouvé une fin glorieuse dans l'accomplissement de leur mission.

Trop d'énergies physiques, trop d'existences humaines sont offertes en holocauste au mauvais génie de l'organisation actuelle de la plupart des transports et convois.

Monsieur le Gouverneur général, protégez ces Français, dont la plupart n'ont commis d'autre crime que celui de courir le monde pour y glorifier leur patrie, en faisant provision pour leurs vieux jours de souvenirs pleins d'intérêt.

La santé publique est le principal souci de tous les gouvernants dont le cœur bien né donne large accès aux sentiments altruistes.

Dans cet empire africain où l'amertume rivalise de fréquence et d'intensité avec la fièvre, certains coloniaux, ayant contracté l'habitude de faire usage de leurs facultés raisonnantes, s'indigneront sans doute de voir de grands efforts se porter vers des améliorations luxueuses et superflues, tandis qu'aucune précaution n'est prise pour éviter aux hôtes temporaires de l'empire africain misères, angoisses obscures, lentes agonies! Ces Français, presque tous jeunes, ont laissé au pays natal des parents et des amis. Lorsque le soir, quittant un instant votre splendide demeure, vous allez contempler l'océan, écoutez le murmure que fait en se brisant au pied de la falaise la vague paraissant accourir des côtes de France : il contient peut-être la pensée et le dernier espoir d'une pauvre mère dont le fils, officier, administrateur ou soldat, a été cueilli prématurément par la terrible maladie endémique sollicitée par le manque absolu de confortable et d'hygiène.

Pour ceux qui font de la psychologie usuelle, Lucrèce a écrit :

...Quibus ipse malis careas quia cernere suave est.

(On voit avec indifférence [l'auteur latin dit : avec plaisir] des maux qu'on ne sent pas.)

Ce vers ne s'applique pas à vous, Monsieur le Gouverneur général, car votre cœur, ouvert à la tendresse et à l'affabilité, ne saurait rester fermé à la compassion.

Persuadé que ma prière n'aura pas le sort habituel des prières des humbles dont les puissants se moquent, j'ose annoncer aux futurs voyageurs du Soudan la fin de l'ère déjà trop longue des difficultés et des privations dangereuses.

LIVRE III

RICHESSES NATURELLES ET COMMERCE DE LA COLONIE

HYPOTHESE DE LA STÉRILITÉ GÉNÉRALE DU SOUDAN

Que peut-il provenir d'un sol dépourvu de matériaux fertilisants, brûlé par le soleil ? La détresse...

Les animaux originaires des régions considérées ici, par leurs facultés d'adaptation au milieu ambiant, confirment l'hypothèse de la stérilité générale.

La girafe a dû allonger démesurément son cou pour atteindre au feuillage élevé des arbres ou arbustes... Le chameau — ce navire du désert — a acquis des avantages physiologiques que n'eussent pas enviés certains héros de Rabelais, mais qui n'en restent pas moins des avantages utiles et curieux.

Le lion et la panthère sont armés de griffes acérées et de crocs puissants. Si la proie qu'ils ont réussi à capturer par ruse et par souplesse pouvait leur échapper, ces fauves ne seraient pas assurés de manger tous les jours à leur faim.

La hyène possède une organisation lui permettant de tirer sa subsistance des charognes qu'elle rencontre et des cadavres qu'elle déterre...

L'autruche enfin, avec son estomac capable de digérer des briques, est bien l'animal rêvé de ces pays désertiques.

La flore n'est pas moins suggestive. Considérez la plupart des plantes de la brousse ; les unes : faux jujubier, acacias et mimosas, cactus, crams-crams, etc., étiolées et malingres, plus grises que vertes, sont hérissées de piquants, faisant échec à la voracité d'herbivores affamés; les autres sécrètent une sève salée ou un latex plus ou moins vénéneux les protégeant contre la dessiccation par la chaleur torride[1] ou contre la dent des animaux : *Calotropis procera*, liane gohine, ficus divers, etc...

Le Soudan confine au désert saharien au nord et au désert mauritanien à l'ouest. Or, avoir la certitude que la Mauritanie, rive droite du Sénégal, que le Sahara, rive gauche du Niger, sont désolés, et prétendre que la colonie du Sénégal, rive gauche du fleuve Sénégal, que la Boucle du Niger, rive droite du Niger sont riches est aussi déraisonnable que de supposer

1. Les solutions salines ayant une tension de vapeur inférieure à celle de l'eau pure.

une rive de la Seine aride et stérile et l'autre fertile et couverte de végétation.

La nature soudanaise ne fait pas de saut brusque ; il faut parcourir des centaines de kilomètres avant de percevoir des différences sensibles dans la composition physique et chimique du sol [1] et dans les productions végétales de ce sol.

Quant aux indigènes, nous connaissons déjà leur dénûment.

La boucle du Niger elle-même, terre enchanteresse de quelques illuminés, est le siège de drames sans fin dont l'épilogue se déroule dans la tombe ! (Méningite cérébro-spinale, variole, lèpre, maladie du sommeil, etc.).

Et comme si ce n'était pas encore assez des fléaux naturels, voilà qu'un mal social vient drainer des campagnes les gars les plus beaux et les plus robustes, je veux parler du recrutement militaire intensif !

La population, après avoir été sérieusement réduite par les tueries des anciens chefs nègres et par la traite des esclaves, a fourni un fort contingent aux expéditions meurtrières du Dahomey et de Madagascar. Actuellement, le

1. Les analyses de terres rapportées dans cet ouvrage prouvent l'uniformité du sol sur de longues étendues.

Soudan est dépeuplé pour former les garnisons du Congo, de la Côte d'Ivoire, de la Mauritanie, du Tchad et autres lieux !

Voilà certes autant de conditions qui ne sont pas faites pour nous inciter à croire, *a priori*, au développement économique du pays.

Mais quittons le domaine des généralités et jetons un coup d'œil enquêteur sur les principales productions du Soudan.

PRODUCTIONS MINÉRALES

Fer. — Chaux. — Sel. — Or.

« Le minerai de fer, nous apprend une notice, existe en de vastes gisements [1]. »

Selon toutes probabilités, on ne connaît jusqu'à maintenant que des roches (latérite) et des alluvions ferrugineuses.

« Son exploitation industrielle est liée à la découverte de mines de charbon ou à l'emploi de fours électriques. »

Autant déclarer la nullité de sa valeur. Le minerai de fer est seulement traité dans certaines régions, dans des sortes de fours catalans par les forgerons indigènes. Le fer obtenu sert

1. « *Les chemins de fer en Afrique Occidentale* ». T. II. (Chemin de fer du Haut-Sénégal. Kayes au Niger), p. 12. Notices publiées par la Gouv. gén. à l'occasion de l'Exp. col. de Marseille, 1906.

à fabriquer des dabas, des haches, des couteaux, des sabres. Encore les forgerons préfèrent-ils employer maintenant le fer importé en barre « cébré »[1].

Des gisements calcaires, situés principalement sur la ligne du chemin de fer de Kayes au Niger, sont exploités pour la construction ; ils donnent une chaux moyennement hydraulique.

Cependant le prix d'extraction serait très élevé.

S'il faut en croire Deherme, « la chaux de Kita, par exemple, revient à 75 francs la tonne sur place ».

Le sel se rencontre dans certaines parties de la zone saharienne à l'état de couches compactes et superposées, recouvertes par le sable, formant des carrières de sel gemme. Les plus connues d'entre elles sont les mines de Sebkha-el-Khadera, à vingt jours de marche au nord de Chin-

1. Georges DEHERME : *L'Afrique Occidentale française*, p. 182. Librairie Bloud et Cie, Paris.

guetti et de Taraze, à 3 kilomètres de Taodéni [1].

Ce sel, extrait à l'état de barres de 20 à 30 kilogrammes, se caractérise par un aspect terreux et par une forte teneur en impuretés.

Les barres de sel de Sebkha-el-Khadera sont portées pour la plupart à Chinguetti et de là transportées à dos de chameaux à Tichitt, capitale du Tagant, à Nioro, Banamba, Goumbou, Segou, Sokolo, Sansanding et Djenné.

Le sel de Taodéni est transporté par les Touaregs à Tombouctou, principal marché.

L'occasion s'offre ici de détruire une légende. Sur la foi des racontars indigènes, on a attribué deux mille habitants à Taoudéni. Or, d'après Cauvin,

« Taoudenni est un village assez misérable, entouré d'un mur d'enceinte rectangulaire, en mauvais état, que ne défendent plus deux canons hors d'usage ; il n'y aurait que cent cinquante à deux cents habitants [2].

Taoudenni n'a plus que quelques années à vivre, et les villages commerciaux qui, comme Arouan ou Bou Djébiha, ne sont que des relais de route de Tombouctou aux salines, subiront le même sort [3]. »

1. On dit encore : Taoudéni ou Taoudenni.

2. R. Chudeau, chargé de mission en Afrique Occidentale française : *Sahara Soudanais*, p. 298. Librairie Armand Colin, 1909.

3. *Ibid.*, p. 301.

Les caravanes apportent une deuxième espèce de sel, dit sel en vrac, extrait de toutes les mares du Sahel, et surtout du Tagant. Les principales mares se trouvent à Tichitt, Tabouret, Idjill.

Le sel est un des principaux objets de négoce au Soudan, où les Maures et les Touaregs l'échangent contre des céréales.

Dans certaines localités : Koury, Dounzou, il vaut parfois très cher : 80, 90 et même 100 francs la barre de 25 kilogrammes. Souvent même, les indigènes suppléent à cette denrée de haut luxe par la cendre de végétaux.

Il y a d'autres gisements que ceux de la Mauritanie et du Sahel.

« Quelques-uns sont exploités aux environs de Say, dans l'oasis de Bilma (région de Zinder). Les indigènes de Bilma creusent des mares artificielles de $0^{m},50$ à 1 mètre de profondeur, où l'eau des sources s'accumule. Le sel se précipite par une rapide évaporation. Il est recueilli et tassé dans des façons de moules[1]. »

Néanmoins, l'extraction actuelle est loin de suffire à la consommation locale. Les importations de sel, d'après les statistiques du « chemin de fer de Kayes au Niger », ont été, la ville de Kayes non comprise, de 1.400 tonnes en 1903, de

1. G. Deherme : *op. cit.*, p. 190.

3.050 en 1904, de 3.630 en 1905, de 3.400 en 1906, de 4.498 en 1907, de 3.534 en 1908 et de 3.253 en 1909.

« L'or est un des premiers stimulants de l'activité coloniale. »

Pour le trouver, on pénétrera de toutes parts le continent mystérieux. La présence de l'or en Afrique a été signalée depuis longtemps. Au XIIe siècle, El Edrisi, géographe arabe, signale la Sénégambie, comme un pays d'or. Le Sénégal passe aussi pour le « fleuve de l'or ».

Le sieur Compagnon de la Compagnie du Sénégal, explorait le Bambouck en 1716, et plusieurs établissements se fondèrent vers cette époque pour l'exploitation de gisements aurifères.

Dans le Soudan, existent du quartz aurifère et des alluvions aurifères situées à une faible profondeur dans le sol ou dans le lit de rivières et de marigots de la région de Sikasso, de Bobo, du Lobi, et surtout dans le Bambouck et le Bourée.

Les indigènes extraient le métal des alluvions par lavages successifs et l'utilisent soit pour la vente, soit pour leurs propres parures.

Le dragage donnerait d'excellents résultats. Des Sociétés minières — trop nombreuses assurément — ayant pour but l'exploitation de concessions aurifères, sont constituées de date ancienne ou récente. Quelques-unes d'entre elles, s'il faut en croire la renommée, sont prospères et d'autres sont appelées à le devenir.

Il ne faut pas cependant perdre de vue que l'or au Soudan paraît répandu en petites quantités et bien épars.

Il convient donc de poursuivre avec prudence la recherche du métal précieux.

L'utilisation d'un outillage compliqué en raison de l'éloignement de la côte, des difficultés des communications, de la cherté des transports, des la pénurie des vivres et des ressources sur place, de la mauvaise qualité de la main-d'œuvre indigène, etc... exposent, selon nous, à de grosses déceptions.

« On ne saurait prendre trop de précautions, conseille Georges Deherme. L'or est un péril colonial. L'industrie minière, aux colonies d'Afrique, est à « protéger », nous voulons dire à enrayer[1].

« Nous savons qu'elle stérilise le sol, qu'elle appau-

1. Vigné d'Octon avait déjà signalé dans l'Exposé de motifs d'une proposition de loi déposée sur le bureau de la Chambre des Députés, en juin 1905, les dangers du « bluff » aurifère pour notre colonie de Madagascar.

vrit — à tout le moins moralement — les indigènes. Les régions aurifères sont désolées.

« L'or n'est presque pas utilisé par l'industrie métropolitaine. Il n'est pas de la richesse sociale. Il ne *vaut que pour enrichir*, *scandaleusement*, *des spéculateurs heureux*, *sinon pour ruiner des gogos trop naïfs*[1]. »

Voici enfin un document invoqué par le précédent auteur à l'usage des bons entendeurs :

« La Côte d'Ivoire a paru être un jour la terre promise de l'or. Un journaliste qui eut des malheurs, en sortant de Mazas, s'en fit le Moïse. De nombreux prospecteurs s'abattirent sur le pays, et des Sociétés anglaises émirent des actions. Et si les spéculateurs de Londres et de Jersey ne trouvèrent point des pépites en Assinie, du moins ramassèrent-ils des gros sous en France. Et c'est là une réponse péremptoire à ceux qui demandent *à quoi servent* nos colonies[2]. »

1. G. Deherme : *op. cit.*, p. 181.
2. *Ibid.*, p. 178 et 179.

PRODUCTIONS VÉGÉTALES

A. — Graines : Mil, Maïs, Riz, Arachides.

« Les vraies richesses de nos colonies africaines, on ne le dira jamais assez, sont bien plus chez l'homme que dans le sol. Le sol africain est pauvre, il ne rendra que ce que le travail y mettra. Et pour qu'il y ait des travailleurs, pour que la population croisse, il faut qu'elle trouve à se nourrir [1]. »

Les principales cultures vivrières sont :

Le mil, le maïs et le riz.

Deux variétés de mil, le gros mil ou Sorgho et le petit mil ou mil à chandelles, constituent la base de l'alimentation des noirs.

Cette céréale figure dans le mouvement commercial à la descente du chemin de fer de Niger à Kayes, pour 500 tonnes en 1903, 239 en 1904, 877 en 1905, 1.518 en 1906, 3.944 en 1907, 3.680 en 1908 et 2.304 en 1909. Ces quantités sont à peu près totalement consommées dans le

1. G. Deherme : *op. cit.*, p. 229.

cercle de Kayes, où la production en mil est très insuffisante pour les besoins locaux.

Le mil vient dans les terrains les plus divers à la saison des pluies.

Aliment de premier ordre, il forme avec le sel la principale marchandise d'échange.

En dehors des intempéries climatériques : pluies tardives, sécheresse précoce, le mil doit compter avec des insectes essentiellement destructeurs : les sauterelles.

Ces derniers temps, on a signalé, en outre, deux parasites de cette céréale : un petit puceron aperçu dans les cercles de Kayes, Bafoulabé et Kita, et une chenille signalée dans le cercle de Ségou, se transformant aux dépens de la substance médullaire des tiges en chrysalide, puis en papillon [1].

Les mesures prophylactiques, en supposant qu'on en prenne, seront-elles assez radicales pour avoir raison de ces intrus?

Le maïs trouve son principal emploi dans l'alimentation des indigènes, qui le préfèrent au

1. Rapport agricole d'ensemble du Haut-Sénégal-Ni-

mil. Malheureusement, sa culture demande un terrain assez riche, et toutes les régions de la colonie ne se prêtent pas « merveilleusement » au développpement rapide de cette culture.

•‡‡•

La vallée de Niger peut produire du riz de bonne qualité en assez grande abondance.

« Un colon français établi à Mopti, est-il écrit dans une Notice[1], fait en grand la culture de ce riz dont il trouve le placement aux prix rémunérateurs de 110 à 120 francs la tonne. Il le livre à Koulikouro à 150 francs ! »

Ces prix ne sont pas exacts, car, en 1907 et 1908, le riz valait 230 francs la tonne à Koulikouro.

La culture du riz du Niger commence en septembre au moment où le fleuve débordé pendant l'hivernage rentre dans son lit normal.

Les grains livrés au commerce sont revêtus de leur enveloppe, d'où leur aspect rouge brun

ger, pour l'année 1906. (*Arch. du Gouv. du Haut-Sénégal-Niger*.)

1. *Les Chemins de fer en Afrique Occidentale*, 1906, t. II, p. 10.

qui tranche avec celui des riz d'Orient polis ou glacés.

« La dernière récolte du riz, très abondante, dit le *rapport agricole d'ensemble pour* 1906, a pu alimenter un mouvement d'exportation considérable de cette céréale vers Tombouctou, la Haute-Guinée et le bas fleuve.

« Le riz, ajoute la Notice invoquée précédemment, peut arriver à Saint-Louis au prix de 220 à 250 francs la tonne, alors que le riz d'Indo-Chine se vend de 500 à 600 francs.

Ces derniers chiffres sont manifestement entachés d'erreur. En réalité, le prix de la tonne du riz d'Extrême Orient doit varier à Saint-Louis entre 250 et 280 francs.

Le tonnage de cette denrée par la voie ferrée de la colonie, nul en 1904, s'élève à 562 tonnes en 1905, à 2.280 en 1906, à 3.519 en 1907, à 3.234 en 1908 et à 3.192 en 1909.

La majeure partie du riz exporté du bassin du Niger est consommée à Kayes et dans les principaux villages situés sur le Sénégal jusqu'à Podor.

La culture de l'arachide ayant bien réussi au Sénégal, il était logique de l'entreprendre au Soudan.

Le noir s'y adonne volontiers parce qu'elle est facile, qu'elle offre au bout de peu de temps un aliment pour lui, une marchandise à vendre et un fourrage pour les animaux, et parce que la plupart des sols lui conviennent admirablement.

Les quantités exportées, venant de l'intérieur, ont été de 143 tonnes en 1904, de 310 en 1905, de 1.802 en 1906, de 958 en 1907, de 2.330 en 1908 et de 1.579 en 1909.

Le cercle de Kayes produit une quantité notable d'arachides ne figurant pas dans les statistiques précédentes.

L'arachide donne des huiles de qualités différentes.

« La première rivalise avec l'huile d'olives, à laquelle elle est fréquemment mélangée [1]. »

L'industrie de l'oléo-margarine en fait aussi

1. Notice sur le « Pavillon du Sénégal et du Soudan », Exposition de 1900, Paris.

un grand usage. Les huiles de qualité inférieure sont absorbées par la savonnerie.

Le résidu de la pression sert d'aliment pour le bétail.

Voilà donc un produit qui, avant l'intervention de la loi de 1905 sur les fraudes, servait à falsifier l'huile d'olive, lésant ainsi les intérêts si respectables des planteurs d'oliviers de Provence, d'Algérie et de Tunisie.

Notons enfin que les huileries du chemin de fer de Kayes au Niger broyent annuellement 350 à 400 tonnes d'arachides pour l'extraction de l'huile destinée au graissage des machines.

B. — Produits de la Cueillette : Karité, Caoutchouc, Gomme arabique.

Le karité est un bel arbre assez répandu dans le cercle de Kita et sur les rives du Niger. Les indigènes extrayent des graines de noix de karité une matière grasse dite : beurre végétal. L'écorce laisse exsuder, après incision, une matière guttoïde.

Dans une colonie où les richesses naturelles sont aussi rares que problématiques, il était naturel de songer à tirer parti de cet arbre.

Des analyses de la matière grasse furent effectuées, et des démarches furent faites auprès de grandes maisons de Marseille pour les intéresser à cette substance.

« Les résultats acquis à l'heure actuelle, dit un rapport[1], permettent de pronostiquer que d'ici deux ans le beurre de karité occupera une place importante sur le marché mondial des corps gras. »

Cet optimisme nous paraît tout au moins téméraire. A un magistral ouvrage de M. Perrot[2], empruntons ce qu'il importe de savoir sur le karité :

« Le karité n'appartient pas à la végétation dense de la forêt, mais plutôt à ce que l'on peut appeler la végétation des parcs, les arbres étant presque toujours assez espacés. Divers explorateurs, notamment M. Chevalier, ont remarqué que les peuplements de karité ne se formaient plus d'une façon normale, car on ne rencontre plus de jeunes pieds. Il est de toute importance de faire intervenir l'homme pour l'avenir de cette production. »

Or, l'apathie du noir n'est pas une légende.

« Jamais on n'arrivera, dit Rançon, à faire cultiver par les noirs des végétaux autres que ceux qui sont susceptibles de donner un rendement immédiat. Et,

1. Rapport agricole d'ensemble pour 1906.
2. EMILE PERROT, professeur de matière médicale à

comme il faut au karité douze ou quinze ans pour atteindre son plein développement, on n'arrivera pas à leur faire semer une seule graine[1]. »

Si la cueillette du fruit est restreinte, l'exportation du beurre sera nécessairement limitée, d'autant que la consommation importante de ce produit dans le centre africain absorbe, à n'en pas douter, les meilleures qualités.

M. Vuillet évalue de 50.000 à 100.000 tonnes la quantité de beurre produite dans le Soudan nigérien, et à 10.000 tonnes celle susceptible d'être exportée.

Ces chiffres sont en désaccord avec ceux du colonel Viard, qui évalue approximativement la quantité de beurre obtenue à 350 tonnes, soit plus de 1.000 tonnes de noix, le rendement en matière grasse étant de 30 à 35 °/₀[2].

Un commerçant de Kayes estime à 400 tonnes de noix la quantité exportable du cercle de Kita seulement.

L'exportation, consistant surtout en noix, a été par voie ferrée de 1 tonne en 1904, de 51 en 1905, de 40 en 1906, de 272 en 1907, de 250

l'Ecole supérieure de Pharmacie de Paris : « *Le Karité* », fascicule II des *Végétaux utiles de l'Afrique tropicale française*.

1. *Ibid.*

2. EMILE PERROT : *op. cit.*

en 1908 et de 257 en 1909. Une grande partie de ces stocks est certainement arrêtée à Kayes. Les noix de karité, expédiées en France, arrivent généralement en très mauvais état.

Le prix du beurre au détail varie de 0 fr. 80 à 1 franc le kilogramme. Il est de 0 fr. 60 environ par pains de 3 à 4 kilogrammes.

Et le latex de karité?... Un chef de mission affirmait, en 1891, que ce suc coagulé n'était autre chose que de la *gutta-percha*. Un autre auteur, dont les travaux scientifiques ont acquis une juste renommée, s'exprimait ainsi en 1899 :

« Le latex renferme une grosse proportion de gutta pouvant être employée dans l'industrie des câbles, » et il ajoutait : « Sa valeur commerciale augmente sans cesse[1]. »

Un directeur du service de l'agriculture du Haut-Sénégal-Niger a conclu aussi à la présence d'une gutta « d'excellente qualité » pouvant « prétendre occuper une place à côté des meilleures gutta-percha, si du moins elle est bien préparée ».

« Le prix de 10 francs le kilogramme semble le prix le plus bas auquel puisse tomber la gutta de karité. Tout nous fait espérer que ce produit sera, dans un

1. Emile Perrot : *op. cit.*

avenir peu éloigné, une *source de richesse* pour le Soudan [1]. »

Des administrateurs ont affirmé des choses analogues dans les rapports officiels.

C'est aux recherches des chimistes Heim et Dehay (1901) en France, et Fendler en Allemagne (1906), que l'on doit de ne pas marcher dans les mêmes errements.

Les observations des savants français portèrent sur des échantillons de produit guttoïde dit « gutta-ci » ou « gutta de karité », provenant de Kati.

Elles révélèrent un produit

« De *valeur presque nulle*, rigoureusement rejeté par les fabricants de câbles. Les industriels qui font entrer dans leurs mélanges une certaine quantité de gutta de qualité inférieure, hésiteraient fort à y incorporer la « guttoïde-ci » en raison de sa nature cassante. »

Le Dr Fendler conclut également, à la suite d'essais de guttoïde de karité, à un produit sans valeur.

Le doute ne semble plus permis... On ne peut que s'étonner de la méconnaissance des travaux

1. Etude du karité considéré comme producteur de gutta. (Rapport adressé à M. le délégué du Gouverneur général, par Jean Vuillet. J. André, éditeur, 1901.)

de Heim et Dehay publiés dans un recueil intitulé : *Etudes scientifiques sur les matières premières*, puisque, à l'exposition de Marseille, à côté du beurre comestible, étaient encore exposés de « beaux échantillons de gutta » provenant du karité !

⁂

Le caoutchouc est la plus précieuse marchandise d'exportation de la colonie.

Les exportations par chemin de fer ont été de 509 tonnes en 1903, de 752 en 1904, de 673 en 1905, de 840 en 1906, de 720 en 1907, de 308 en 1908 et de 1.028 en 1909.

Les principaux centres d'exploitation sont Bobo-Dioulasso, Bougouni, Koutiala, San, Sikasso et Bamako.

« Avec l'extension sans cesse croissante que prend l'industrie du caoutchouc dans la Métropole, il est certain que c'est là une ressource de premier ordre et un élément important de revenus pour le Haut-Sénégal et Niger [1]. »

Des écoles pratiques ont été créées dans le but d'apprendre à l'indigène la culture rationnelle

1. *Le Haut-Sénégal et Niger*, p. 147 (1906).

de la plante à caoutchouc (liane gohine), les meilleures conditions d'extraction du latex, les procédés de coagulation, etc...

« La valeur croissante des prix d'achat sur place, 4 à 7 francs le kilogramme, est également un des témoignages certains des progrès réalisés [1]. »

Nous voulons bien croire au progrès réalisé sans accepter pour critérium le prix de vente. Celui-ci peut très bien s'élever tandis que la production diminue, ou baisser pendant que les progrès continuent.

La liane gohine a un ennemi de tous les ans : le feu de brousse. L'habitude locale et invétérée de brûler les végétaux desséchés par le soleil exerce une action funeste sur les plantes que l'on aurait intérêt à conserver.

Les autres dangers pour la liane sont d'une part la saignée à blanc et d'autre part la concurrence par les grands arbres du genre *Hevea* (Euphorbiacées) : *H. guyanensis*, *H. Brasiliensis*, et des genres *Castilloa* et *Ficus* (Urticacées) : *C. Elastica*, *F. Elastica*, *F. Religiosa*, etc.

Ces arbres sont répartis dans les régions les plus fertiles du monde : Amérique du Sud, Amérique Centrale, Iles de la Sonde, Indes, etc.

1. Rapport agricole d'ensemble pour 1906.

D'un rendement incomparablement supérieur à celui de la liane gohine, ils existent soit à l'état de vastes forêts, soit à l'état d'immenses champs de culture. Déjà, en 1905, le *Journal d'Agriculture Tropicale*[1] relate que le général Fonseca, à Ocumare de la Costa (Venezuela), possède dans ses haciendas 80.000 pieds de *Castilloa*, et que ce nombre sera porté à bref délai à 200.000.

Cet exemple de culture intensive d'arbres à caoutchouc n'est pas unique.

Les procédés de récolte utilisés au Soudan sont souvent défectueux et, joints à des tentatives de fraude ou de falsification, ils tendent à faire déprécier notre caoutchouc africain.

L'administration a bien pris des dispositions pour obvier à ces inconvénients. Mais de quel poids seront les « instructions » ou les « arrêtés » dans la brousse auprès de sujets illettrés? On a essayé des plantations nouvelles. Mais, si au Venezuela, en Indo-Malaisie anglaise, à Sumatra, etc., la culture des arbres caoutchoutiers a donné de l'espoir, « jusqu'ici, en Afrique Occidentale, toutes les tentatives de culture savante ont *échoué lamentablement*[2] ».

Au surplus, les régions caoutchoutières afri-

1. N° 47, mai.
2. G. Deherme : *op. cit.*, p. 225.

caines, comme les mines d'or, exercent un effet démoralisateur.

« Là où il y a du caoutchouc, les lougans sont délaissés, la population ne s'accroît point, la main-d'œuvre se refuse et la disette est fréquente. Je parle de ce que j'ai vu en traversant la Guinée dans toute sa longueur. Au contraire, là où il n'y a pas de lianes, ou peu, comme en Mellacorée, le pays est bien cultivé et prospère [1]. »

La chimie enfin n'a pas dit son dernier mot. Et sans donner un produit de synthèse absolument analogue au produit naturel, rien ne l'empêche de découvrir un simili-caoutchouc susceptible de recevoir des applications industrielles.

Quoi qu'il en soit, l'avenir du caoutchouc de liane paraît menacé, et aux espoirs prématurés exprimés tout à l'heure pourraient succéder d'amères désillusions!

Le gommier couvre en Afrique d'immenses étendues semi-désertiques. Les principaux centres gommiers au Soudan sont les cercles de

1. G. Deherme, p. 227 et 228.

Tombouctou, d'Issa-Ber, de Nioro et de Sokolo.

Les exportations par voie ferrée ont été de 54 tonnes en 1903, de 21 en 1904, de 66 en 1905, de 125 en 1906, de 33 en 1907, de 22 en 1908 et de 107 en 1909.

Même en tenant compte de la gomme apportée à Kayes par les Maures, cette marchandise n'aura jamais dans l'échelle des exportations qu'un rôle insignifiant. Les frais généraux, tant que les prix de vente actuels ne se relèveront pas, empêcheront l'exportation de la gomme du Sahel.

C. — Coton.

La culture du coton aux colonies est, avec juste raison, une de celles qui préoccupent le plus l'industrie française de la filature.

L' « Association cotonnière de France », au prix de grands sacrifices, a tenté au Soudan de sérieux essais de coton [1],

« Auquel, déclare un opuscule [2], le sol et le climat sont très favorables. »

1. En 1907, dans le cercle de Kayes seulement, elle a fait distribuer 1.350 kilogrammes de graines pour être semées.

2. Notes sur la Flore du Haut-Sénégal-Niger. (*Archives du Gouvernement du Haut-Sénégal-Niger.*)

En 1906, le gouvernement général se montra très affirmatif sur l'avenir du coton. Voici ce qu'il fit écrire :

« Les résultats de la campagne 1905 ont permis de conclure que deux variétés américaines (Excelsior et Mississipi) étaient appelées à donner des produits *remarquables* et que plusieurs autres variétés, s'acclimatant très bien, pouvaient résister vigoureusement au climat et fournir un excellent textile. Ces essais ont, de plus, *surabondamment* prouvé que les indigènes comprennent tout l'intérêt qu'ils ont à augmenter leurs bénéfices et à accroître le rendement de leurs champs en modifiant leurs procédés par trop primitifs. Il a suffi en 1905 de faciliter à l'indigène la vente de sa récolte et d'accorder quelques primes à titre d'encouragement aux cultivateurs les plus zélés pour avoir la certitude qu'en 1906 et les années suivantes nous aurons une main-d'œuvre facile et des travailleurs dévoués[1]. »

Soyons plus modestes et ne vendons pas la peau de l'ours avant de l'avoir tué.

Un exemple dont on aurait dû s'inspirer, c'est celui donné il y a plus de quatre-vingt-cinq ans par le Sénégal. En 1825, 34 établissements agricoles avaient planté 3.449.000 pieds de cotonniers ; en outre, les habitations royales en con-

1. *Le Haut-Sénégal-Niger*, p. 144, 1906.

tenaient environ 1.124.000, soit pour la colonie entière un total de 4.573.000 pieds[1].

La rareté des pluies, la sécheresse, l'élévation du prix de la main-d'œuvre, les débordements périodiques du fleuve, la stérilité du sol annihilèrent les plus louables efforts. La production fut loin d'être en rapport avec la surface cultivée. Le kilogramme de coton revenait à un prix exhorbitant. Néanmoins, les agriculteurs, *faisant compter les arbustes morts ou desséchés pour des arbustes sains*, subsistèrent plusieurs années au moyen des primes. Mais quand le gouvernement, averti de la fraude, modifia les conditions de délivrance de celles-ci, le résultat ne se fit pas longtemps attendre : en 1828, tous les cotonniers avaient disparu.

D'autres tentatives encouragées et entreprises dans la suite ne donnèrent pas de meilleurs résultats.

Au Soudan, sur les rives du Niger et de certains affluents ou marigots, on a rencontré des pieds de cotonniers venus on ne sait trop quand, ni comment[2].

S'emparer de cette aubaine et concevoir les plus belles espérances sans s'occuper autrement

1. « *Les Colonies françaises* », *op. cit.*, t. V, p. 23.

2. Le cotonnier n'existe pas à l'état spontané dans l'Afrique Occidentale française (A. Chevalier).

de la nature du terrain, ni des conditions climatériques, ni des aptitudes des noirs à la culture de plantes non alimentaires, fut l'affaire de quelques mois. Or, voici une anecdote pathognomonique de la question cotonnière : en 1904, dans le cercle de Segou, 18 à 20 tonnes de graines de cotonniers furent distribuées aux indigènes avec obligation pour ceux-ci de les semer.

Le milieu choisi se prêta si bien à l'expérience que ces 18 à 20 tonnes de graines donnèrent l'année suivante 9 tonnes environ de coton brut ! Et on expérimentait sur les bords du Nil français, « père nourricier par excellence du coton ».

Tandis qu'un commerçant se serait offert à payer vingt centimes le kilogramme de ce coton, les indigènes auraient été astreints par l'autorité supérieure à le vendre quinze centimes pour le compte de l'Association cotonnière !

Ce système de primes d'encouragement à la culture du coton aura tout au moins surpris les cultivateurs !

En 1908, les conclusions qui découlent des résultats acquis sont les suivantes : les variétés américaines dégénérèrent ; les graines éclatent et salissent les fibres. Les variétés indigènes se caractérisent par une soie courte, hétérogène et adhérente à la graine.

Les noirs considèrent le coton comme une « affaire de blanc » et ne cultivent le cotonnier que sur l'insistance des commandants de cercle. Encore ne cueillent-ils qu'une partie de la récolte nécessaire aux tisserands de l'endroit, abandonnant sur pied l'autre portion, quand ils ne peuvent la livrer au prix de cinquante à quatre-vingts centimes et plus le kilogramme de coton égrené, prix qui rend impossible les achats pour l'Europe.

Le coton brut est acheté quinze centimes le kilogramme.

L'industrie locale du tissage semble destinée à disparaître, car aux étoffes grossières des tisserands, les indigènes préfèrent les cotonnades américaines ou anglaises, à cause de leur finesse et de leur bon marché relatif.

Le cotonnier est d'importation récente en Afrique, et nous avons établi que le sol et le climat du Soudan, ne conviennent qu'à un nombre très restreint de cultures tropicales sélectionnées.

J'ai examiné de près pendant mon séjour à Kayes une plantation de cotonniers.

A l'époque de la récolte, toutes les feuilles étaient frappées de mort. Une mort due à quoi? A une maladie cryptogamique du genre de l'*oïdium* de la vigne?

Les échantillons examinés par M. Guéguen[1] ont donné lieu aux conclusions suivantes :

« L'affection des feuilles de cotonnier cueillies au Soudan n'est pas de nature parasitaire. Elle paraît n'être autre chose que l'une de ces altérations protoplasmiques, prise autrefois pour un plasmode de myxomycètes et décrite par Debray, Rose, etc..., sous le nom de *pseudo commis Vittis*. Nous savons par les recherches de Ducomet que des lésions pseudo-commissiennes peuvent être artificiellement obtenues par l'action des agents physiques ou chimiques sur les plantes vivantes. »

Les causes de la maladie des feuilles ne sont donc pas d'origine parasitaire, mais bien d'origine climatérique.

On aurait combattu un champignon, tandis qu'on ne modifiera pas les effets combinés de la pluie et du soleil.

Ce n'est pas tout.

Les trois quarts des capsules des cotonniers, je n'exagère pas, avaient subi l'attaque d'un insecte, lequel, à travers l'enveloppe extérieure et les fibres, avait pénétré jusqu'aux graines pour s'en nourrir.

Secondairement, dans la cavité intérieure

1. Professeur agrégé à l'Ecole supérieure de pharmacie de Paris.

ainsi formée était venu se loger un petit puceron.

M. Coutière a eu l'extrême obligeance de déterminer ces deux parasites animaux.

Le premier est la chenille de l'*Earias Insulana*[1].

Le second est l'hémiptère *Oxycarenus hyalini pennis*, coupable surtout de déposer ses excréments sur les fibres dans les coques ouvertes.

D'après certains renseignements, le même parasite animal, et des causes climatériques identiques séviraient sur les cotonniers du Niger.

Indépendamment du parasitisme signalé, des conditions difficiles de culture, des accidents climatériques (sécheresse, coup de chaleur), les conclusions d'un expert du Havre relatives à la qualité d'un échantillon de coton indigène n'étaient pas des plus favorables.

« Je ne puis vous fixer, écrit M. Fossat à son correspondant du Soudan, sur les qualités ou défauts au point de vue teinture..... Les fibres avaient tendance à se replier sur elles-mêmes comme la laine : ce qui

1. Cette espèce est répandue dans le Bélouchistan, l'Inde, le Siam, probablement toute l'Indo-Chine, Maurice, l'Australie et l'Afrique. En Egypte, elle cause, dit-on, pour 25 millions de dégâts annuels (Coutière).

n'est pas un bien grand défaut, mais n'est cependant pas une qualité. Ce coton suffisamment égrené peut parfaitement entrer dans la consommation, mais je doute qu'il réussisse à se substituer aux cotons d'Amérique. »

« *En 1906*, la firme David et Maigret, a pris le lot du Fama par *amabilité* et n'a pas pu se charger de l'ensemble. Ces cotons étaient plus courts, plus irréguliers et moins résistants que ceux de l'année passée[1]. »

On serait en droit de penser que les pertes des variétés américaines et la non-réalisation des pronostics du début auraient provoqué un enthousiasme très modéré. Nullement : le deuil a été léger et la consolation rapide.

« Le coton indigène résiste fort bien à la sécheresse et à l'humidité, et le temps n'est pas éloigné où ce produit sera *l'un des facteurs de la prospérité de la colonie*[2]. »

L'Association cotonnière de France a installé à Kayes et à Ségou deux égreneuses mécaniques et une presse hydraulique.

En 1907, les égreneuses de Kayes ont traité

1. Yves Henry, inspecteur général de l'Agriculture de l'A. O. F. : Rapport agricole pour l'année 1906; p. 224, Aug. Challamel, éd., 1907.

2. *Notes sur la Flore du Haut-Sénégal-Niger.*

99 tonnes de coton brut environ, donnant à peu près 25 tonnes de coton exportable.

En 1908, la campagne d'achat à Kayes se traduit par une douzaine de tonnes de coton égréné!

L'exportation du coton du Niger ne figure pas sur les statistiques du Chemin de fer en 1905 et 1906. Elle atteint le chiffre de 4 tonnes en 1907, de 16 en 1908 et de 21 en 1909.

M. Raffin, dont la compétence assise sur une longue expérience est indiscutable, déclare que la région susceptible de donner une quantité importante de coton, à la condition toutefois que les indigènes consentent à le vendre un prix raisonnable; s'étend de Kayes à Podor.

Le coton du Sénégal, variétés américaines, donne un rendement de fibres qui varie de 27 à 30 °/₀.

Mais il vaut mieux tabler pour le coton indigène sur une moyenne de 25 °/₀.

Une campagne d'achat pourrait facilement donner 400 à 500 tonnes de coton brut.

Ce résultat, même s'il était atteint, serait assez insignifiant.

Une industrie bien comprise utilise tous les éléments de la matière première. Nous savons que les graines de coton contiennent de l'huile se prêtant à des usages variés.

Au Soudan, des graines ont été livrées au prix de 20 francs la tonne à la direction du Chemin de fer, pour l'extraction de l'huile destinée au graissage des machines.

Le rendement de la tonne a été de 76 kilogrammes d'huile, alors qu'une tonne d'arachides, dans les mêmes conditions de pression, fournit 210 à 214 litres au premier épuisement et 16 à 20 au deuxième. Le prix de l'huile d'arachides revient à 70 centimes le litre, tandis que celui de l'huile de coton s'élève à 87.

Il est vrai de dire que les appareils de broyage n'étaient pas appropriés aux graines de coton.

D. — Autres productions végétales.

La liste des plantes susceptibles d'amener dans la colonie la *richesse* et la *prospérité*, s'accroîtra très prochainement de deux nouvelles unités : le sésame et le sisal.

La graine de sésame a une valeur indéniable; son rendement en huile est de 40 à 50 °/₀. Mais se conviendra-t-elle au Soudan, et les indigènes voudront ils s'en occuper?

Quant à l'agave, les essais effectués seront, sans doute, le sujet de dissertations nous invitant prochainement à admirer la *beauté* des fibres et à croire que ce textile prendra une extension *considérable*.

Si le service de l'agriculture songe aux industriels, celui de l'horticulture n'oublie pas les gourmets ! La banane, cet excellent fruit dont on mange rarement au Soudan, va dorénavant pousser sur toutes les tables. Le bananier de Chine, en trois récoltes dans l'année, offrira 4.000 régimes par hectare [1] !

L'avocatier, qui donne de succulents hors-d'œuvre dans les pays où le sol et le climat lui sont propices (Congo, Antilles, etc...), fournira sur les confins du désert des « poires » exportables comme les bananes [2].

Sans vouloir inquiéter le messager de ces heureuses nouvelles, nous demanderons seulement où sont les avocatiers et les champs de bananiers ?

1. *Notes sur la Flore du Haut-Sénégal-Niger.*
2. *Ibid.*

PRODUCTIONS ANIMALES

Ivoire. — Plumes de parure. — Cire.
Laines. — Peaux.

L'éléphant se rencontre assez communément dans les cercles de Bougouni, de Koutiala, de Koury, de Dori, de Gourousi et de Satadougou. On le trouve aussi dans le Sahel, dans le cercle de Nioro. En 1908, un troupeau a été aperçu près de Boulou-Kalab et Sadié, dans les champs de rôniers bordant le marigot de Kolimbiné (cercle de Kayes).

Malgré son aire immense de répartition, l'éléphant disparaît à mesure que progresse la pénétration européenne.

La quantité d'ivoire enregistrée à la descente du chemin de fer a été de 9 tonnes en 1903, de 11 tonnes en 1904, de 13 en 1905, de 16 en 1906, de 22 en 1907, de 22 en 1908 et de 25 en 1909.

•⁂•

Le commerce des plumes de parure devient de moins en moins important au Soudan.

L'aigrette est si rare qu'un arrêté en interdisait la chasse pendant deux ans à compter du 1er janvier 1908, afin d'éviter sa complète disparition.

Le marabout, dont les plumes blanches font des éventails de luxe et des boas, n'aura bientôt qu'un intérêt historique.

Quant à l'autruche, le regretté Decorse, médecin-major des troupes coloniales, au cours d'une mission qui lui fut confiée en 1905 par le Gouvernement de l'A. O. F., a laissé sur elle une étude originale et instructive à laquelle nous empruntons les principales idées :

« Le marché des plumes d'autruche a traversé la Manche. Le Cap et le Natal, où l'autruche est domestiquée, exportent bon an, mal an, pour 30 millions de francs. Au Soudan, la destruction de l'espèce marche vite. Le Maure est un dénicheur infatigable. Tomber sur un nid d'autruche est pour lui triple profit : il affûte et tue d'abord la femelle ou le mâle qui couve, puis il pille le nid, mange les œufs encore frais, et vend les coquilles. Les Touaregs chassent à cheval, et raflent tous les oiseaux trop faibles pour s'échapper à la course. Ils les amènent dans les campements, où les enfants s'en amusent en attendant que les autruchons, devenus gros et gras, fassent de succulents rôtis ; quant aux plumes, on s'en inquiète peu, parce que le Touareg en connaît mal le prix et aussi parce qu'il dédaigne la spéculation. Les « Bellah » se comportent à l'égard de l'autruche de la même manière que les Touaregs.

« Aussi, hormis les confins broussailleux et desséchés du désert, hormis les espaces incultes et arides que vivifient des pluies de courte durée, ne trouve-t-on plus l'autruche qu'accidentellement ou par périodes vagues, influencées par les mouvements des populations nomades et les circonstances atmosphériques... Le Sahel et la région désolée comprise dans l'intérieur de la boucle entre Tombouctou et Say sont les lieux préférés de l'autruche. »

L'élevage a bien été tenté;

« Mais les noirs y témoignent, comme en presque toutes choses, de leur insouciance invétérée et de leur répugnance pour l'effort. Pas d'initiative, pas de méthode. On compte sur le hasard et sur la chance. Les bêtes confiées à des gamins errent aux abords du village et cherchent leur pâture parmi les dètritus et les tas de fumier. Le plus clair de leur nourriture est la balle de mil améliorée de maigres rogatons provenant de la cuisine indigène. Pas de grains, pas de fruits, pas de verdure, Pendant une bonne partie de l'année, les autruches, si peu nombreuses qu'elles soient, ne trouvent qu'à picorer autour des cases. On les voit errer mélancoliques et stupides, prêtes à détaler follement dès que paraît un chien. Elles sont poudreuses, sales, couvertes de parasites et s'occupent constamment entre deux becquées à éplucher leurs plumes pour calmer leurs démangeaisons. D'autres sont tenues séquestrées dans d'étroits enclos où elles promènent sur quelques pieds carrés leurs regrets de la brousse immense. Elles y tournent continuellement en rond, usant leur parure contre les murs. Leur guano forme une couche épaisse et malpropre sur laquelle elles se vautrent et qui met à leurs plumes des boulettes de fumier. A peine leur jette-t-on, lorsqu'on y pense, des épluchures, des débris de toutes sortes et quelques poignées d'herbes cueillies par les gamins. »

D'ailleurs, les animaux ainsi domestiqués sont peu nombreux : 100 ou 200 au plus. Les Européens n'ont pas été plus heureux que les indigènes. A Dounzou, un colon réunit quelques couples d'autruches. Résultat : sur 13 œufs pondus, 2 ont éclos. Deux autrucheries officielles furent créées, l'une à Goumbou, l'autre à Tombouctou ; la première réalisa 75 francs de recettes, contre 2.000 de dépenses; la seconde eut 200 francs de bénéfices contre 1.703 de frais.

Un quatrième essai fut tenté en accordant beaucoup plus de liberté aux autruches. Un indigène de confiance fut préposé à la garde d'une trentaine de pensionnaires.

« Le résultat ne se fit pas longtemps attendre : Tant qu'il y eut des animaux debout, le « lion » s'en offrit un pour son lunch matinal. Chose remarquable, ce « lion » dépouillait les autruches avant de les manger. »

Quand on saura enfin que ce volatile n'aime pas les régions suffisamment pourvues de pâturages parce qu'elles sont humides, qu'il donne des produits inférieurs à l'état de domestication, on sera en droit de proclamer la difficulté de son élevage.

La question de l'autruche a été reprise en 1907. Gageons que les frais de cette dernière mission pourront être classés au chapitre des « dépenses inutiles » !

Pour intéresser le noir — auxiliaire indispensable du colon — à l'élevage de l'autruche, il faudrait transformer sa mentalité, conception aussi chimérique que celle qui consisterait à interdire aux Maures, aux Touaregs et aux Bellahs la chasse à cet inoffensif et intéressant oiseau !

« L'exportation de la cire pourrait devenir pour la colonie une source *importante* de revenus, car les abeilles s'y rencontrent en très grande quantité[1]. »

1. *Le Haut-Sénégal et Niger*, p. 183, 1906.

Les abeilles sont en effet nombreuses, au point, dans certaines régions, d'être assez gênantes.

« Dans le Boundou, de février à juin, elles recouvrent complètement les bords humides des puits, et les habitants ne se peuvent procurer de l'eau que la nuit[1]. »

Ce qu'on y rencontre le moins, ce sont les fleurs pour les nourrir, car au moins depuis l'immortel Virgile chacun sait que les abeilles se nourrissent du nectar des fleurs.

Comme certaines peuplades, comme les troupeaux, les abeilles d'Afrique, ayant à parcourir de très grandes étendues pour trouver leur butin, sont essentiellement nomades.

« Les maisons de commerce de la colonie ont longtemps dédaigné ce produit. (Leurs représentants viendraient-ils uniquement au Soudan pour changer d'air?) Il a cependant été cette année (1906) l'objet de demandes sérieuses dans les principaux centres et jusque sur la plupart des marchés de la brousse[2]. »

Les statistiques, y compris celles de 1908, sont muettes sur les exportations de cet article. Il paraîtrait toutefois que la cire du Soudan

1. G. Deherme : *op. cit.*, p. 193.
2. Rapport agricole d'ensemble, 1906.

s'écoule par la Gambie anglaise et la Guinée portugaise.

Le miel non épuré sert à sucrer les laitages et la pâtisserie indigène.

**

Il existe une race de moutons présentant un intérêt indéniable au point de vue de la production de la laine. On la rencontre dans la vallée du Moyen-Niger, dans la région d'inondation dont le Débo est le centre. Le nombre de bêtes à laine serait, au dire d'un rapport, de deux à trois millions. Un autre document l'évalue à un million. Le mouton à laine, dit mouton du Macina, est recherché pour la viande, la laine et la peau. Un animal aussi précieux ne vaut que deux ou trois francs, en moyenne.

« Les tribus bergères utilisent une grande partie de la laine des troupeaux pour la confection de couvertures et vêtements, pour le rembourrage des selles. Le reste de la toison est perdu. »

Mais dès 1906 on a songé à utiliser ce « reste ».

« Un développement soudain et *particulièrement remarquable* a été pris par le commerce de la laine du Macina. »

Et en fait, l'exportation par voie ferrée, nulle avant 1907, passe cette année-là à 496 tonnes pour retomber à 179 en 1908 et à 99 en 1909, contrairement aux prévisions de M. Yves Henry[1].

La laine de choix, lavée et triée par les indigènes, serait de vente courante. Mais ceux-ci aiment mieux conduire les troupeaux chez le commerçant qui achète la laine sur pied, à forfait.

Ces opérations procurent certainement aux négociants de beaux bénéfices, car le prix d'achat de la laine ne doit guère excéder trente centimes le kilogramme, tandis que le prix de vente en Europe doit être supérieur à 1 franc. Malheureusement, les troupeaux ne sont pas homogènes. Les races à laine sont mélangées et croisées avec les races à poil, dites « moutons du Sahel ».

Vu l'importance de la laine sur les marchés d'Europe, l'Administration, dont les intentions sont des plus louables, porte ses efforts sur la sélection des moutons. En vérité, quand les bêtes de mauvaise qualité auront été évincées, la récolte de la laine, en raison du prix élevé de

1. « Ce n'est pas exagérer que d'estimer à 500 *tonnes* la récolte totale pour 1907, et il y a tout lieu de penser que ce chiffre sera très *prochainement doublé* du fait seul de l'extension de ce trafic. » YVES HENRY : *op. cit.*, p. 270.

cette matière, sera des plus intéressantes pour bergers et pour commerçants.

Mais, en dépit des efforts et du zèle de spécialistes compétents, n'en sera-t-il pas de la bergerie modèle de Niafunké comme des autrucheries officielles de Goumbou et de Tombouctou? La volonté et l'énergie ont tant de difficultés à vaincre !

« Déjà les indigènes, voyant les négociants européens rechercher la laine, commencent à demander des prix plus élevés de ce produit auquel jusqu'à ce jour ils n'accordaient qu'une infime valeur[1]. »

Ajoutez à cela la longueur de la distance des centres d'élevage à la côte (2.000 kilomètres environ), les changements obligatoires des moyens de transport : transports sur le Niger, sur la voie ferrée, sur le Sénégal et sur l'Océan de Kayes à Bordeaux ou au Havre, et vous aurez des éléments d'appréciation sur l'importance qu'il convient d'attribuer à la laine du Soudan.

« L'exportation des peaux a commencé à prendre un essor appréciable. A l'heure actuelle, les peaux de

1. Rapport agricole d'ensemble pour 1906.

bœuf, de mouton et de chèvre sont recherchées activement dans la colonie. En outre, les acheteurs, stimulés par les chefs de maison, font les efforts les plus méritoires pour présenter convenablement la marchandise, hier encore dédaignée. »

Ainsi s'exprime un rapport sur le commerce de la colonie.

L'exportation des peaux par chemin de fer du Niger à Kayes, de 29 tonnes en 1906, est passée à 92 en 1907, à 72 en 1908 et à 69 en 1909.

DE L'ÉLEVAGE DES ANIMAUX DOMESTIQUES

L'élevage tel qu'on l'entend en Europe n'existe pas au Soudan. Les troupeaux vivent en liberté et sont privés de soins particuliers.

« La richesse de la colonie en bétail est considérable. Toutes les races domestiques que nous avons en Europe y sont représentées. Cette question de l'élevage est appelée à jouer un *rôle très important* lorsque les débouchés vers la côte permettront un écoulement facile du bétail du Sahel et du Niger, qui constitue la principale richesse des noirs de la colonie[1]. »

« Les abondantes ressources pastorales du Soudan rendent possible un mouvement d'exportation de plus en plus *considérable* de bétail sur pied à destination du Bas-Sénégal et des colonies côtières françaises et étrangères du Sud. Elles fournissent, en outre, à l'industrie locale, *très florissante*, de la préparation des peaux et des articles en cuir une matière première abondante. »

1. Rapport agricole d'ensemble pour 1906.

Suivent des statistiques édifiantes sur les exportations du bétail dans la Gold-Coast et le Togo.

Sans méconnaître l'importance numérique des troupeaux de bétail, des critiques sur leur qualité se trouveront pleinement justifiées. On constatera tout d'abord que les troupeaux sont voués à l'incurie des propriétaires ou des gardiens, qu'ils subissent les désastreux effets d'une longue période de sécheresse, sauf peut-être dans la région inondée du Niger, et sont exposés à toutes les intempéries de l'hivernage. Indépendamment de la misère physiologique, il faut compter avec les germes morbides : bacilles tuberculeux, cysticerques, trypanosomes, etc.

Le « Nagana », par exemple, est une trypanosomose sévissant dans presque toute l'Afrique, plus spécialement localisée dans les parties basses et marécageuses, sur les côtes, dans le voisinage des lacs et sur le parcours des grands fleuves aux endroits les plus riches en pâturages.

A Segou, où s'opère une grande concentration de bétail, les bœufs venant de Djenné, de Sokolo, de Ouahigouya ont été frappés, une année, par cette affection : sur un effectif de 4.665 bêtes, 676 moururent[1]. La « Soumaya » et la « Souma »,

1. Rapp. de M. le vétérinaire CAZALBOU sur le « Nagana ».

autres trypanosomoses, causent aussi beaucoup de déchets parmi les bovidés.

« Au début de 1906, sur 200 bêtes à cornes destinées à l'alimentation des tirailleurs et des habitants du poste de Koury, 80 sont mortes de trypanosomose, et la plupart de celles qui ont été abattues et dont la viande a été *consommée* présentaient déjà les premières atteintes du mal : la chair était pâle, molle, de fort vilain aspect[1]. »

Quelques mois après, le troupeau n'existait plus.

Quels sont les méfaits de la tuberculose sur l'espèce bovine?... Il est difficile de les apprécier exactement.

Des personnes autorisées s'accordent à dire que les Peulhs, essentiellement pasteurs, se nourrissant par conséquent de lait et de viande, payent un lourd tribut à cette maladie ; on peut affirmer encore que la misère physiologique, stade précurseur de la tuberculose, atteint, à la saison sèche tout au moins, la majorité des troupeaux.

Quant à la présence de cysticerques dans les tissus organiques, la fréquence du tænia chez

1. « La maladie du sommeil dans le Haut-Sénégal-Niger », par M. Gouzien, médecin principal des troupes coloniales. (*Annales d'hygiène et de médecine.*)

les mangeurs de viande de boucherie en est la preuve manifeste !

Parlerai-je du cheval?..... Lui aussi subit l'influence pernicieuse du milieu ambiant.

« De 1881 à 1885, sur 169 chevaux arabes montés, il en est mort 152 [1]. »

La race actuelle, dégénérée et petite, possède néanmoins des qualités léguées par des ancêtres provenant eux-mêmes d'une sélection naturelle, c'est-à-dire ayant fait preuve d'une résistance et d'une vigueur suffisantes pour vivre et se reproduire. Le cheval du Soudan n'échappe cependant pas à certaines endémies ou trypanosomoses telles que le « Nagana », la « Souma », vraisemblablement inoculées par des mouches piqueuses.

Les chameaux et les girafes ne sont pas davantage épargnés par les trypanosomes.

1. *Les Colonies françaises*, t. V, p. 316.

COMMERCE DE LA COLONIE

Diverses phases du commerce en Afrique.
Les trois catégories d'affaires possibles au Soudan.

Le trafic de l' « ébène » a été le principal commerce de l'Afrique. Les importations d'eau-de-vie, de clinquant, de cotonnades et d'armes n'ont servi pendant longtemps qu'à payer des esclaves. Quiconque a lu les ignominies et les outrages dont les négriers ont gratifié à profusion leur marchandise humaine ne pourra s'empêcher d'éprouver une aversion profonde vis-à-vis de ces traitants odieux, professionnels opulents de l'injustice et de la barbarie. Et ce n'est pas un des moindres mérites de la France républicaine d'avoir effectivement supprimé de pareilles abominations.

Affirmer cependant, même de nos jours, que la traite des captifs ne se pratique plus serait téméraire. Mais, enfin, ce négoce est en voie d'extinction, et les transactions occultes qui ont encore lieu d'indigènes à indigènes sont les dernières convulsions, les dernières conséquences d'un état social fortement organisé jadis dans les États nègres.

Le commerce, en Afrique, a donc de fâcheux antécédents. Que fait-il pendant l'étape qui succède à celle de l'esclavage ?

S'il fallait en croire Élisée Reclus, il ne jouerait pas non plus le beau rôle.

« Les vastes domaines de l'Afrique, dit l'auteur de *L'Homme et la Terre*, ne doivent pas être considérés comme de véritables colonies, puisqu'ils ne sont point destinés à recevoir des colons ; ils ne peuvent servir à loger les excédents de population émigrant d'Europe.

« Ce sont tout simplement des lieux de résidence pour quelques marchands qui cherchent à exploiter les richesses naturelles des lieux et à pourvoir aux besoins des indigènes. Mais la plupart de ces naturels, habitués à une existence des plus simples, trouvent autour d'eux, dans les produits du sol, tout ce qui leur est nécessaire ; il faut donc que les efforts des colonisateurs prétendus se combinent pour faire naître de nouvelles demandes, notamment celle de l'eau-de-vie ou d'un poison quelconque baptisé de ce nom. Chez les nègres que l'on pousse à la folie, la monnaie, jadis inconnue, n'a pris d'utilité que pour l'achat du genièvre ou du trois-six !! Voilà dans les pays occupés du Continent noir ce que l'on dit être le commencement de la civilisation... Admettons qu'il y ait progrès, puisque l'acheteur nègre est maintenant étiqueté homme libre[1]. »

En dehors de la vente des eaux-de-vie, on voit aussi fleurir de petites industries telles que le *couillonnage à la bascule* et le *coxage*. La première consiste à tromper sur les mesures et sur les poids. Ainsi :

« Pour mesurer un mètre d'étoffe, on se sert du yard (91 centimètres). On trompe même les Européens en leur vendant pour un kilogramme un paquet de sucre, fabriqué exprès par une maison de Bordeaux, qui ne pèse pas 900 grammes[2]. »

Voici en quoi consiste le truc du *coxage* .

« On envoie des dioulas, des interprètes, parfo avec des chevaux, au-devant de caravanes. Avant toutes affaires, on comble de cadeaux de pacotille les vendeurs, on les héberge, on les grise ; et par là on s'assure l'achat du caoutchouc, de l'arachide ou de la gomme. Mais on arrive ainsi à payer plus cher qu'on ne peut vendre dans la métropole, et pour se rattraper, on fraude sur les poids, sur les paiements, cependant que le vendeur falsifie ses produits. Cela ne peut durer. Les produits sont vite dépréciés et c'est la catastrophe[3]. »

1. Elisée Reclus : *L'Homme et la Terre*, p. 265, t. V, Librairie universelle, Paris.

2. Georges Deherme : *op. cit.*, pp. 172 et 173.
J'ai vu moi-même à Kayes des paquets analogues ne pesant pas 900 grammes et présentés pour un kilogramme.

3 *Ibid.*, p. 172.

« La spéculation est plus cynique encore.

« Dans l'intérieur, certains traitants, au moment des récoltes, achètent tout ce qu'ils peuvent de mil ou de riz. Soit pour payer l'impôt, soit plutôt pour se procurer d'insignifiantes bagatelles, les noirs se démunissent alors avec entrain. Ces provisions sont soigneusement emmagasinées et on attend que la famine fasse revenir l'imprévoyant indigène. On lui revend alors ses grains, au double ou au triple, contre tout ce qu'il peut posséder. S'il n'a rien, c'est la famine ou le vol[1]. »

Mais, à côté de trafiquants sans scrupules existent, il faut bien le dire, des commerçants patients, honnêtes, mettant de la cohérence dans leurs opérations et s'entourant d'une bonne organisation. J'en connais, pour ma part, dont l'honorabilité plane au-dessus de tout soupçon.

Un commerce honnête et sérieux est la chose la plus souhaitable pour la cause de la colonisation. Non seulement il approvisionne la métropole de matières premières nécessaires à notre industrie, mais encore il pourvoie les indigènes d'objets utiles de consommation courante. Il a pour but d'améliorer celui qui vend et celui qui achète. Par son contact permanent avec les populations, par l'occupation d'une

1. G. Deherme : *op. cit.*, 173 et 174.

main-d'œuvre nombreuse, il peut être un puissant facteur de civilisation, dans tout ce que le mot évoque d'idées nobles et moralisatrices.

Si cette conception n'a pas encore franchi le domaine de la théorie, il ne dépend que du bon vouloir des chefs de maison et des représentants ou commis de la rendre réalisable.

Dans tous les cas, le mercantilisme éhonté, la course effrénée vers l'enrichissement ne sauraient être tolérés De tels agissements compromettent la bonne marche de la colonisation, en suscitant des hostilités, et en éveillant la méfiance chez les indigènes.

•⁜•

Tout le commerce du Soudan doit tenir dans trois catégories d'affaires, qui sont :

1° Les affaires basées sur l'exploitation du sol : *a*) produits de cueillette; *b*) produits de culture et d'élevage ;

2° Les affaires basées sur les approvisionnements des indigènes;

3° Les affaires basées sur les fournitures faites aux conquérants (militaires, fonctionnaires, délégués de Sociétés minières, chargés de missions).

A. — Affaires basées sur l'exploitation du sol.

a) *Produits de cueillette.* — On peut poser comme principe que tout commerce constitué par des objets de simple cueillette ou de chasse doit péricliter par épuisement de ces produits.

« Par sa nature même, l'exploitation de caoutchouc ne paraît pas devoir se développer sans difficultés, et ce n'est ni l'ivoire, ni les plumes précieuses, ni la cire qui produiront un mouvement d'échange suffisant[1]. »

Jusqu'ici, les produits de la cueillette et de la chasse ont principalement alimenté le commerce d'exportation. Et comme l'initiative de l'homme n'a, jusqu'à ce jour, obtenu de résultats appréciables que dans les plantations de lianes caoutchoutifères, les réserves naturelles des autres marchandises étant sans cesse amoindries, le commerce ira en diminuant.

b) *Produits de culture et d'élevage.* — Le commerce destiné à subsister et à se développer puise sa vitalité dans le travail incessant de

1. E. Baillaud : *op. cit.*, p. 321.

l'homme, dans les produits de la culture et de l'élevage. Or, l'impression qui se dégage de la revision des productions culturales végétales et animales du Soudan, c'est qu'elles sont instables et tout à fait médiocres.

Dans les rapports et comptes rendus officiels seuls, la culture la plus aléatoire, la récolte la plus pauvre, le résultat d'une expérience le plus incertain, la découverte la plus mesquine y prennent des proportions gigantesques.

« Ces régions de la vallée du Niger, s'écrie M. Roume, en 1906, en s'adressant aux commerçants, offrent à votre activité un champ presque illimité et des ressources dont l'intérêt n'a pas échappé à beaucoup de nos maisons sénégalaises : coton, karité, laine et sans doute d'autres produits, qui peuvent encore être utilisés dans cet immense territoire, économiquement mal connu. Il semble, en vérité, que Zola ait eu une vue prophétique lorsque, dans son roman de *Fécondité*, il plaçait dans la vallée du Niger *un des grands centres de production du monde*[1]. »

On se croirait transporté au royaume de Lilliput ! Tout est *considérable*, *rémunérateur*, *important*, alors que les populations vivent dans la plus grande misère et que toutes les tran-

1. *Bulletin du Comité de l'A. O. F. et du Comité du Maroc*, p. 256, septembre 1906.

sactions commerciales sont effectuées par un nombre infime de maisons de commerce[1].

Il y a une vingtaine d'années,

« Les vignes de ces pays présentaient, selon Lécard, toutes sortes de qualités... Plusieurs viticulteurs avaient conçu l'espoir chimérique de remplacer les ceps européens atteints de phylloxéra, par des plants de vigne rapportés du Soudan[2]. »

On rêva aussi un jour « d'utiliser pour les Européens le fameux blé de Tombouctou ». On installa à Koulikouro des moulins.

« Le minotier qu'on y délégua était sans doute fort diplômé et licencié pour le moins... Bref, le blé était dur et les moulins ne fonctionnèrent point[3]. »

Aujourd'hui, on fait état de produits et de plantes dont l'intérêt économique ne vaut guère davantage que celui de ces prétendues vignes et de ce blé dont la quantité suffirait à peine à nourrir quelques douzaines de volatiles de basse-cour. Ce qu'il faut exiger, ce sont des démonstrations, des preuves sérieuses, imposantes et non de simples affirmations; c'est un peu plus

1. 17 maisons possédant chacune de 2 à 13 comptoirs ou succursales (7 à 2, 7 de 3 à 8, 3 de 9 à 13) se partagent presque tout le commerce de la colonie.

2. *Une mission au Sénégal*, par MM. le Dr Lasnet, Aug. Chevalier A Cligny et Pierre Rambaud. Exposition universelle de 1900, p. 249. A. Challamel, éditeur, 1900.

3. G. Deherme : *op. cit.*, p. 234.

de pudeur dans l'élaboration de notes du goût de celle-ci :

« Je crois devoir signaler le récent et *remarquable* essor pris par le commerce de certains produits agricoles qui, jusqu'ici, n'avaient figuré que dans une proportion insignifiante dans le chiffre de nos exportations. Désormais, le commerce de la colonie n'est plus exclusivement alimenté par les produits de la chasse et de la cueillette, tels que le caoutchouc, l'ivoire et les plumes. Les productions de l'agriculture et de l'élevage : riz, mil, arachides, peaux, laines, bétail sur pied, coton, cire, etc., sont devenues l'objet de transactions qui *enrichissent* producteurs et commerçants et semblent devoir constituer, dans un avenir prochain, l'un des éléments les plus puissants et les plus sûrs de la *prospérité* économique du pays[1]. »

On a vu dans le précédent chapitre, à propos de chaque article, les quantités annuellement exportées par la voie ferrée : Koulikouro-Kayes, jusqu'en 1909. En 1908 et 1909, la colonie du Haut-Sénégal-Niger a dressé la statistique des marchandises exportées par Kayes, à destination directe de l'Europe.

Voici ces statistiques dans lesquelles ne figurent pas les arachides, parce qu'elles sont transbordées au Sénégal, ni la laine :

1. Rapport agricole d'ensemble pour 1906.

NOMENCLATURE DES OBJETS		1908 Quantités	1908 Valeurs en francs	1909 Quantités	1909 Valeurs en francs
Peaux, de bœuf	kilos	56	70	32 973	41.216
Peaux, de mouton et chèvre	unit.	2.667	2.353	7.496	5.882
Plumes d'autruche	kilos	165	4.950	591	17.730
Cire	—	250	200	6.615	5.292
Ivoire, au-dessous de 15 kilos	—	297	2.228	19.460 (ivoire, ensemble)	331.166 (ivoire, ensemble)
Ivoire, au-dessus de 15 kilos	—	154	3.080		
Karité, amandes	—	6.492	662	33.417	5.930
Karité, beurre	—	2.164	757	413	145
Gommes, dures	—	29.496	11.798	511.916 (gommes, ensemble)	479.171 (gommes, ensemble)
Gommes, friables	—	1.351	203		
Caoutchouc	—	62.388	436.716	920.293	7.262.352
Bois d'ébénisterie	—	800	200	»	»
Coton indigène	—	13.369	9.358	20.806	14.564
Or	en gr.	4.250	11.050	184.825	508.269
TOTAUX			483.625 [1]		8.371.717 [2]

[1] Documents dus à l'extrême obligeance de M. CHEMIN-DUPONTÈS (Office colonial).

[2] Documents dus à l'extrême obligeance de M. LEJEUNE, secrétaire général des colonies, gouverneur par intérim du Haut-Sénégal-Niger.

Je ne puis que souligner en passant, sans essayer de l'interpréter ou de la discuter, la différence existant entre les valeurs d'exportations de 1908 et 1909.

Huit millions ! que signifie un tel chiffre pour un pays grand quatre fois comme la France, surtout quand la presque totalité de cette somme porte sur un produit aussi aléatoire que le caoutchouc?

La Martinique, la Guadeloupe et la Réunion, ces vieilles petites colonies à l'égard desquelles s'exerce le dédain des coloniaux amateurs des immensités improductives, ont exporté, en 1908, en dépit des dissensions politiques qui nuisent à leur productivité normale, l'une pour une valeur de près de 21 millions de francs, l'autre pour plus de 17 millions, la troisième pour plus de 15 millions!

B. — Affaires basées sur les approvisionnements des indigènes.

Les nègres resteront de bien petits consommateurs, leurs besoins étant des plus limités et des plus simples. Des boubous, du sel, des marmites pour le couscous, quelques parures de pacotille, tels sont, je crois, les principaux articles qu'ils continueront à demander aux commerçants européens.

La population du Soudan, musulmane en majorité, ne s'adonne pas beaucoup à la boisson, et pousse peu au débit des vins et alcools de traite. Ne nous en plaignons pas !

C. — Affaires basées sur les fournitures faites aux conquérants.

Au Soudan, les Européens sont choqués de la cherté des articles ou marchandises d'origine européenne, et cela d'autant plus qu'ils ne peuvent s'en passer. Ainsi à Kayes, les pommes de terre valent 1 franc à 1 fr. 50 le kilog. ; les haricots secs, les lentilles et le riz, 1 fr. 25 ; la farine vaut 1 franc le kilog. ; le saindoux, 2 fr. 50 ; le fromage de Gruyère, 6 francs ; la morue, 5 fr. 50 ; le sel fin, 2 fr. 50 ; le vin rouge, 0 fr. 90 à 1 franc le litre, et tout à l'avenant... Il y a de quoi faire tomber en catalepsie une ménagère parcimonieuse !

Sans me poser en défenseur des intérêts des commerçants, je ferai remarquer que les avaries fréquentes d'origine climatérique, que les risques nombreux, que les tarifs douaniers et surtout les difficultés de transport sont de sérieux facteurs de l'élévation des prix de vente sur place.

Le fleuve offre bien un moyen de transport économique, mais la crue est si irrégulière et si incertaine! Dès la première quinzaine de juillet, les bateaux chargés de marchandises attendent à Saint-Louis le moment propice pour remonter le cours du Sénégal. Ils attendent parfois jusqu'à fin août. S'ils montent et que les eaux baissent, ils sont obligés de s'alléger ou de se débarrasser complètement de leur chargement pour rebrousser chemin. Les marchandises sont transbordées sur des chalands ou le plus souvent sur la berge, où elles sont susceptibles de rester plusieurs jours ou plusieurs semaines, exposées à toutes les intempéries, jusqu'à ce que les intéressés viennent les recueillir au prix de gros efforts.

Dès le 15 septembre, en général, l'accès du fleuve est interdit aux navires d'assez fort tonnage.

Aux caprices de la crue annuelle, il faut ajouter les dangers de la navigation sur le fleuve, dans le lit duquel abondent sables et rochers.

Sur le Niger, dans l'intérieur de la boucle et dans les territoires militaires, les marchandises d'Europe valent jusqu'à deux et trois fois plus cher qu'à Kayes.

Déjà, sur la ligne du chemin de fer de Kayes au Niger, les vivres, boissons, articles de ménage et d'épicerie, compris dans la deuxième catégorie du *tarif général*, payent en P. V. :

Jusqu'à 150 km., par tonne et par kilomètre. . . 0 80
De 150 à 350 km., par tonne et par kilomètre . . 0 60
De 350 au delà. 0 40

De Kayes à Koulikouro, une tonne de marchandises de cette catégorie payera 321 francs, tandis qu'en bateau elle n'aura coûté que 65 francs de Bordeaux à Kayes.

Les marchandises de première catégorie (mercerie, étoffes, effets, literie, armes, etc.) payent 542 francs la tonne.

En grande vitesse, une tonne de bagages coûte 668 francs !

Il faut compter ensuite les frais de portage à dos d'homme, par caisses de 20 à 25 kilogrammes, etc.

N'oublions pas enfin que les Européens sont peu nombreux.

Ni les fournitures faites aux particuliers, ni le ravitaillement des convois, des postes ou des colonnes, ne peuvent fournir au commerce un aliment de grande importance.

Aussi, le commerce local subit-il actuellement une crise. Des maisons ferment et d'autres sont dans le malaise. Car, en dehors de la concurrence, de la rareté des produits naturels, de la stérilité du sol et des rigueurs du climat, le négociant doit compter avec l'inertie des indigènes, la cherté de la main-d'œuvre (les ouvriers techniques : mécaniciens, menuisiers, maçons, etc., sont payés de 4 à 6 francs par jour; les manœuvres ne touchent pas moins de 1 franc), avec la lenteur désespérante des communications et les phénomènes accidentels.

Ainsi, les récoltes peuvent être ravagées par sauterelles (le cercle de Nioro a beaucoup souffert des déprédations des criquets en 1907); elles peuvent être compromises par un excès d'humidité ou par l'insuffisance de la crue du Niger ou par la sécheresse[1].

C'est ainsi, enfin, que le commerce a été troublé par l'épidémie de fièvre jaune du Sénégal en 1900, par celle du Soudan en 1901, par la non-crue du fleuve Sénégal en 1902, par une inondation et la fièvre jaune en 1906, etc.

Quant aux colons établis au Soudan, leur nombre se réduit au chiffre le plus simple en arithmétique : un seul Français dirige une exploitation agricole !

1. *Journ. officiel du Haut-Sénégal-Niger*, du 1er mars 1908.

LIVRE IV

POPULATION INDIGÈNE, ASSISTANCE MÉDICALE ET HYGIÈNE

LA POPULATION SOUDANAISE

A l'exception des tribus d'origine berbère ou arabe (Touaregs, Maures), la population du Soudan est noire (Bambaras, Malinkés Toucouleurs, etc.), ou fortement bronzée (Peulhs).

Malgré les patientes recherches de quelques explorateurs, l'ethnographie des races soudanaises reste confuse. Non seulement il est impossible de suivre la filiation d'une race par suite de l'absence de documents, mais encore il est malaisé d'en étudier sur place les caractères à cause de leur instabilité. Ainsi le Maure du Nord de l'Afrique ne ressemble pas au Maure du Sud de la Mauritanie.

Un narrateur occasionnel ne peut décemment pas aborder la psychologie d'un peuple hétérogène. Aussi me contenterai-je de décrire les traits saillants, originels, si je puis m'exprimer ainsi, non des individus de tel ou tel groupe, mais du nègre en général, tel qu'il apparaît aux Européens sur les routes les plus fréquentées.

Encore la tâche est-elle rude et je ne suis nullement assuré de l'accomplir convenablement.

Pour plus d'ordre et de clarté dans l'exposition de mon sujet, je considérerai l'indigène dans sa vie *matérielle*, *familiale*, *sociale* et *psychique*.

I. — VIE MATÉRIELLE.

Les individus respectés par la maladie possèdent une structure physique avantageuse. Les hommes sont grands, musclés, bien conformés en un mot.

Grâce à l'habitude contractée dès la plus tendre enfance de porter les fardeaux sur la tête, les femmes ont la taille cambrée. Il se trouve parmi les jeunes des beautés sculpturales.

Celui qui découvrira le moyen de transformer ces « Vénus noires à faire peur en brunes adorables », fera avancer la colonisation d'un grand pas en Afrique !

Choses curieuses à noter : l'obésité, assez fréquemment observée chez les Ouoloffs du Bas-Sénégal, ne se manifeste guère dans aucun sexe des diverses races du Haut-Sénégal-Niger, à l'exception toutefois des Touaregs, chez les femmes desquels l'adiposité — à l'encontre de l'opinion répandue parmi nos élégantes — constitue un caractère de haute distinction.

Les dents sont rarement altérées et presque toujours d'une éclatante blancheur... Qualités de race ou résultat du mode particulier d'alimentation ? Il faut dire, pour ce qui concerne les dents, que le noir en fait le nettoyage mécanique en mâchonnant la tige ou la racine de plantes spéciales.

La conquête est trop récente et l'élément européen trop restreint pour oser parler des bienfaits de la civilisation au Soudan.

La vie matérielle continue à être ce qu'elle était avant notre occupation, c'est-à-dire très primitive.

L'habitation consiste en une case en paille ou en une tente portative chez les indigènes nomades ; en une case en terre chez les sédentaires. Dans le bassin du Sénégal, les cases en terre sont cylindriques, peu élevées, étroites, recouvertes d'un cône de paille.

Dans le bassin du Niger, les cases ressemblent davantage à des maisons ; plus spacieuses, plus hautes que les précédentes, elles possèdent une toiture en terre.

Dans les montagnes du Macina, les cases seraient construites en pierres, parfois grossièrement sculptées du côté de l'intérieur.

« Taras [1] » et tabourets représentent le mobilier.

Mais fréquemment une natte tient lieu de lit, et la surface du sol, de siège.

Des calebasses, une marmite de provenance européenne, un mortier à mil avec pilon : tels sont les articles de ménage les plus usuels.

Le mil est la base de la nourriture. Le soin de préparer la pâtée aux maris et aux autres membres de la famille incombe aux dames.

Les adjuvants du mil par ordre d'importance sont : le riz, le maïs, les arachides, le gombo (à la saison des pluies), le fonio et le nété. La viande de mouton, de bœuf, de poulet, de poisson, et le gibier, très abondant, font également partie de l'alimentation.

L'eau, le « dolo » et le lait constituent les principales boissons.

Les fleuves, les rivières et les mares fournissent l'eau. La plupart du temps impure et souillée, celle-ci provoque une foule d'affections morbides et des épidémies. L'absence de citernes est aussi générale que regrettable. Les réser-

1. Lit indigène.

voirs d'eau de pluie seraient d'une grande utilité, non seulement à la saison sèche, mais aussi et surtout — ce qui semble paradoxal — à la saison pluvieuse. Beaucoup de troubles gastro-intestinaux d'origine parasitaire pourraient être évités par leur emploi.

Le « dolo » est un breuvage fermenté, préparé avec le mil. Comme pour la bière, on remarque trois stades dans sa fabrication : le maltage, la transformation de la dextrine en glucose, et la fermentation. On lui a attribué des propriétés enivrantes très actives. D'après l'analyse d'un échantillon, cette boisson peu alcoolisée, riche en dextrine et en glucose, en matières minérales, serait au contraire très hygiénique [1]. Peut-être renferme-t-elle des alcools supérieurs et des éthers qui la rendent toxique.

Dans les régions à abeilles, le miel entre dans a composition du « dolo ». La quantité de sucre fermentescible augmentant, la proportion d'alcool devient nécessairement plus forte.

Ajoutons qu'un peu de propreté ne messiérait pas à sa fabrication.

Rien de bien particulier sur le lait, si ce n'est que des récipients peu engageants (peaux de

1. A. Lahille : *Bulletin des Sciences pharmac.*, décembre 1909.

boucs, calebasses) servent à le transporter, et que les vaches sont mauvaises laitières[1].

A cette nomenclature, il convient d'ajouter : 1° le « gona dji » (en Bambara), boisson en usage dans les provinces de la boucle du Niger, de Bandiagara à Koury, et provenant de la fermentation du jus des fruits de « gona », plante de la brousse ; et 2° le vin de palme, assez peu répandu.

Le vêtement de la grande majorité des habitants est rudimentaire quand il n'est pas simplement composé de haillons.

Cependant les personnes des grands villages jouissant d'une aisance relative recherchent les « boubous »[2].

Les femmes ont leur coquetterie et affectionnent les beaux « pagnes »[3]. Il en est dont les bijoux en or du pays représentent une petite fortune.

Le décolleté jouit d'une très grande faveur dans la société féminine et non pas le décolleté discret jusqu'à la naissance des seins, mais le décolleté complet jusqu'à la ceinture.

1. Le rendement en lait par vache, varie de 1 à 3 litres par jour.

2. Vêtement indigène très ample en cotonnade blanche ou bleue.

3. Vêtement indigène qui tient lieu de jupe.

Les jambes sont nues comme le buste, et c'est un vrai concours de mollets, souvent jolis, que les dames offrent journellement aux regards des messieurs. De la forme du mollet, on juge facilement des formes plus haut situées... sous le pagne.

Cette mode fort naturelle me paraît cependant inhabile, car elle supprime l'irrésistible et troublante attirance de ces parties du corps que les femmes cachent généralement avec un soin jaloux... pour leur donner plus de prix.

Les Soudanais, après avoir vu les Soudanaises par devant et par derrière, n'ont presque plus rien à désirer d'elles. Le charme des obstacles leur manque. Ils sont bien à plaindre.

Le grand chic pour les personnes des deux sexes consiste à teindre les ongles des mains au henné.

L'absence de chaussures paraît choquante à l'Européen habitué à voir, ou du moins à souhaiter chez la femme d'élégantes bottines moulant un pied de fée.

Toutefois, les négresses les plus coquettes portent des babouches appelées « samaras ».

Les coiffures sont en honneur. Les personnages de condition portent chapeaux de paille en forme d'abat-jour, ou chéchias en velours violet. Les femmes arrangent leur chevelure crépue et soyeuse ou bien se coiffent d'un madras.

II. — Vie familiale.

Le soin d'élever les enfants est dévolu à la mère. Celle-ci se sépare rarement de son jeune moricaud et, tandis qu'elle vaque à ses occupations, elle le promène assis au sommet de ses hémisphères charnus sur lequel l'immobilise un carré d'étoffe fixé à la partie antérieure du corps.

J'ignore si les mères sont d'excellentes nourrices, mais j'affirme qu'elles montrent un zèle trop hâtif à faire partager le plat commun de couscous à leur nourrisson. Aussi voit-on presque tous les enfants affligés d'un ventre très ballonné au milieu duquel s'épanouit une plus ou moins volumineuse hernie ombilicale.

La race noire est-elle prolifique?... oui, et d'autant plus que le surnombre des femmes et la polygamie sont d'excellents facteurs de repopulation. Les théories malthusiennes, le concept de la limitation voulue du nombre des rejetons et l'emploi du bock... hygiénique ne mettent aucun obstacle à l'œuvre de fécondation et de vie.

D'où vient donc que la population du Soudan

soit si peu dense? De l'état de guerre continuel qui régnait autrefois avant notre intervention, de l'exportation des esclaves, de l'ignorance totale de l'hygiène la plus élémentaire, et surtout de la fréquence et de la gravité des maladies.

Les peuples civilisés ont une série de sujets de réjouissances familiales : baptêmes, anniversaires, succès scolaires, mariages, etc...

En Afrique, l'unique fête de l'enfance c'est apparemment la fête de la circoncision pour les garçons et de l'abcision pour les filles. Musulmans et fétichistes observent scrupuleusement ces coutumes qui sont l'occasion de grands tams-tams, de festins et de danses. Sous peine d'être couverts de ridicule, les patients ne doivent donner pendant l'opération aucun signe de malaise, ni de souffrance. Eux seuls sont payés pour ne pas s'amuser!

N'allez pas croire que les opérateurs appartiennent à une classe de chirurgiens spécialistes : ils sont simples forgerons. Je laisse à deviner la qualité des instruments dont ces derniers se servent ainsi que les précautions d'asepsie dont ils s'entourent!...

Que la circoncision soit en principe — aux pays chauds surtout — une bonne mesure d'hygiène, admettons-le... mais l'abcision chez les filles?

Pourquoi supprimer, de la façon la plus sanglante et la plus outrageante à la fois, l'organe de la Volupté dont la Nature a doté la femme en dédommagement des multiples misères dont elle l'a affligée?

Inutile et barbare mutilation « après laquelle les femmes ne sont plus que des créatures passives dans l'œuvre d'amour, machines à plaisir, ou moules à enfants, pour leurs maîtres et maris[1] ».

Le mariage est la fête de l'adolescence. Contrairement à nos usages, le fiancé achète ici ses épouses. Oh! pas bien cher, 100 à 500 francs chacune, quelquefois davantage, selon l'origine de la fiancée et la noblesse de l'épouseur.

Les parents de la jeune fille reçoivent la dot par petites portions, en espèces sonnantes, ou en nature : vaches, moutons, etc...

La polygamie passe pour une monstruosité dans la pudique Europe. Sous les latitudes où le sexe féminin a une supériorité numérique manifeste sur l'autre sexe, elle s'impose. M. l'Administrateur du cercle de Kayes, dont nous avons déjà relaté d'intéressants témoignages, a trouvé, au cours d'un recensement, sur une population totale de 16.280 habitants, un excédent de 1.464 personnes du sexe féminin.

1. Vigné d'Octon : *L'Amour et la Mort.*

« Ce recensement, ajoute cet administrateur, se rapproche beaucoup de ceux que j'ai pu consulter sur les pays tropicaux ou équatoriaux, et pourrait servir à expliquer la quasi-nécessité de la polygamie dans ces pays; surtout si l'on constate que les hommes atteignent généralement un âge beaucoup plus avancé que celui des femmes, ce qui fait abaisser encore leur proportion.

« On a observé que dans les pays tempérés les femmes sont en nombre égal ou très peu supérieur à celui des hommes et que, plus on se rapproche des pôles, plus le sexe féminin diminue par rapport au sexe masculin, d'ou la nécessité de la polyandrie chez les peuples de l'extrême nord de l'Europe. »

Le dénombrement de la population soudanaise totale, en 1908, enregistre 1.942.800 hommes et 2.411.300 femmes, 557.500 garçons et 660.700 filles.

Envisagée à un point de vue moins géographique et plus social, la polygamie, représente peut-être aussi un reliquat de l'esclavage.

Dans la polygamie, surtout sous un climat des plus débilitants, l'écueil à redouter pour les maris est celui qu'en terme de guerre on nomme la *capitulation*. Mais les femmes sont prévoyantes! Elles portent à la taille une ceinture d'amulettes et de gris gris (en verroterie la plupart du temps) dont le simple contact communique à l'époux... défaillant la verdeur qui convient!

Un mot sur les parents : ils sont respectés et honorés par les enfants.

Les rites funèbres diffèrent sensiblement selon qu'ils concernent les personnes âgées ou les personnes jeunes. Dans le premier cas, on fait tam-tam, on tire des coups de fusil autour du défunt, dans le but de chasser les mauvais esprits et d'informer en même temps de la fâcheuse nouvelle les parents ou amis éloignés.

Les hommes se recueillent et les femmes se lamentent.

Le cadavre, soigneusement lavé à l'eau chaude, est inhumé vingt-quatre heures environ après le décès dans une fosse sur laquelle ont été immolées une chèvre et une poule. Le fossoyeur doit passer la journée au cimetière, utilisant pour ses repas la viande des animaux sacrifiés.

Les plus riches des parents et amis déposent dans la tombe non pas des fleurs, — article rare au Soudan, — mais des pagnes.

Une couche de terre et un tumulus de trois ou quatre pierres ayant servi de support à la marmite du fossoyeur indiqueront la sépulture.

La cérémonie terminée, les invités rentrent dans l'ancienne case du trépassé et, le tam-tam continuant, ils restaurent consciencieusement leurs forces avec des victuailles apportées d'un peu partout. Les doyens et doyennes d'âge de la localité tiennent compagnie pendant une semaine à la famille éplorée.

Le septième jour, un grand festin marque la fin du deuil.

Les cérémonies funèbres s'appliquant aux enfants sont plus simples : pas de tam-tam ni de manifestations bruyantes; l'enterrement a lieu quelques heures après la mort. Le deuil est observé pendant les sept jours consacrés par l'usage [1].

Les coutumes ne sont pas uniformes. Ainsi que je l'ai déclaré au début du chapitre, je ne prétends pas les connaître toutes. Loin de là.

G. Deherme signale « que les femmes et les captifs suivent volontiers leurs maîtres dans la tombe [2]. » Ce culte des morts est tout au moins excessif. Il rappelle le *bûcher du veuvage* de l'Arabie, cette affreuse coutume qui, avant la bienfaisante intervention de Zadig, poussait les veuves dévotes à se brûler en public sur le corps de leurs maris décédés [3]. Pauvres veuves! Pauvres captifs!

1. Ces renseignements sur les rites funèbres sont dus à l'élève médecin indigène Bakary.

2. G. Deherme : *op. cit.*, p. 307.

3. Voltaire : *Zadig ou la Destinée*, chap. II.

III. — Vie sociale.

L'indigène d'Afrique travaille tout juste ce qu'il faut pour lui-même et n'a guère souci de l'intérêt public. Toutefois, dans les centres européens, son indolence naturelle se laisse facilement vaincre par des offres avantageuses, par les nécessités d'une existence devenue plus difficile et par l'aiguillon du désir de paraître. Il n'est pas rare de voir des indigènes arriver, je ne dirai pas à la perfection, mais à des résultats appréciables et satisfaisants! Eduqués par des maîtres français, certains d'entre eux deviennent bons ouvriers, ou suffisamment lettrés pour parler et écrire notre langue et rendre des services dans les bureaux administratifs.

L'indigène, très sociable, aime les palabres, les réunions et les fêtes.

Les grandes fêtes sont le Rhamadan et le Tabaski, toutes deux religieuses. Le Rhamadan est la fête de la fin du jeûne musulman en l'honneur de laquelle on boit, mange et danse trois jours durant. Elle correspond à notre « Pâque ». Le Tabaski est la fête de la lune et a lieu le premier jour de la troisième lune qui suit le Rhamadan. Il existe beaucoup d'autres fêtes : récolte du mil, passage d'un grand chef, etc...

La politique n'a pas encore pénétré le cerveau des masses, et l'ère des luttes électorales ne semble pas près d'éclore. Le bon ordre de la société et la tranquillité des citoyens n'y perdront rien.

Cependant, tout en se fécilitant de ces pacifiques dispositions il serait bon de voir inaugurer certaines institutions, entre autres celle de l'état civil. Au point de vue judiciaire, le défaut d'état civil permet aux prévenus de prendre plusieurs noms et de déclarer n'importe quel âge. Cette situation complique les recherches de la justice et fait échapper les coupables à la récidive.

En droit civil, notamment au sujet du règlement des successions, il soulève de nombreuses difficultés et cause souvent un préjudice considérable aux héritiers, qui ne peuvent entrer en possession qu'après des formalités longues et coûteuses. En ce qui concerne plus particulièrement les fonctionnaires ou agents civils et les militaires indigènes, il n'est tenu aucun registre de décès. Les héritiers doivent s'adresser aux tribunaux pour suppléer au défaut d'acte de décès par une notoriété qui en tient lieu.

Ils doivent, en outre, faire dresser un nouvel

acte de notoriété pour spécifier leur qualité et leurs droits à la succession du *de cujus*.

L'activité et l'initiative des noirs se consacrent principalement à l'industrie pastorale et à la culture des céréales et autres plantes alimentaires. Or, ces deux qualités ne sont pas poussées à un bien haut degré...

Les populations se rassemblent par groupes. Peu ou pas d'habitations isolées.

« Ce ne sont que villages, séparés souvent les uns des autres, par de vastes déserts, réceptacles d'immondices et d'ordures en toutes saisons, véritables cloaques pendant la saison des pluies. » Ces agglomérations de « huttes basses, malsaines » abritent « une population sans confortable, sans richesses d'aucune sorte, mais aussi sans grands besoins, vivant au jour le jour, et préférant d'ailleurs cent fois cette existence misérable à un bien-être dont l'acquisition devrait lui coûter quelque peine [1] ».

Bien que les cases soient serrées les unes contre les autres, les indigènes trouvent encore le moyen d'entasser leurs troupeaux dans les intervalles.

Les hôtes de ces tristes demeures sont de bons et conciliants voisins, car ils vivent en bonne

1. Colonel Frey : *op. cit.*, p. 201.

intelligence. Mais si la cordialité des rapports ne souffre pas de la promiscuité, il n'en est pas de même de la prophylaxie des maladies contagieuses ou épidémiques.

L'indigène s'accommode fort bien de notre domination, à laquelle il reconnaît devoir la liberté et la paix. Notre justice devra être à son égard simple et bienveillante, mais ferme. La fermeté comme l'exécution ponctuelle des promesses sont deux puissants moyens de lui imposer le respect de l'autorité.

« J'ai bombardé Zanzibar à neuf heures précises, déclarait en 1896 l'amiral anglais Rawson, parce que j'en avais donné la parole au sultan. » Cet exemple résume tout un enseignement...

Le noir observe avec curiosité notre civilisation, dont il prend les vices et néglige les avantages. Il n'a pas mis en musique le refrain suivant : *Vivent les femmes, les liqueurs, le jeu et le tabac!* mais il le met volontiers en pratique!...

Il retient les expressions malsonnantes, grossières ou ordurières. Et comme certains mots n'ont sans doute pas leur équivalent dans sa langue, il les prononce en français.

L'obligation de payer l'impôt est son plus grand trouble-fête.

La taxe de capitation varie de 4 fr. 50 à 0 fr. 25

et 0 fr. 10. Aux yeux d'un contribuable parisien, elle ne paraîtra nullement écrasante. Mais pour des gens habitués hier encore à traiter entre eux par simples échanges ou à se servir de cauries comme unique monnaie, elle est tout au moins lourde. On peut même ajouter qu'elle manque d'équité, puisqu'elle frappe uniformément tous les individus d'un cercle, quelle que soit leur situation de fortune ou leur classe dans l'échelle sociale.

L'impôt de capitation n'est pas la seule taxe en vigueur. Il existe des patentes et licences de commerce, des droits de place sur les marchés, des patentes de colportage, des droits d'oussourou [1], de pacage, d'abatage, une taxe de domestique de 10 francs (y compris le prix de la fourniture du livret personnel), etc...

Aussi tous les indigènes sont-ils loin d'être contents!

Un journal de France, *Le Temps* [2], rapporte qu'une migration de Peulhs du Moyen-Niger aurait eu pour cause le désir d'échapper aux taxes perçues sur les territoires français.

En 1908, par mesure de prudence, une cir-

1. Droit de 1/10 perçu sur toutes les marchandises importées dans la colonie, à l'exception de celles de provenance française.

2. Numéro du 6 janvier 1908.

conscription de la boucle du Niger a cru devoir réduire d'un sixième environ, par rapport à celui des années précédentes, le chiffre total de l'impôt.

En 1909, les habitants des régions montagneuses situées au nord-est de Bandiagara auraient refusé de se laisser recenser et de payer l'impôt[1].

Plus d'un commandant de cercle pourrait enfin témoigner du recouvrement laborieux de l'impôt. Souvent l'emploi de moyens de coercition devient nécessaire !...

Ces tendances à l'affranchissement vis-à-vis des taxes sont à rapprocher des insurrections que *Le Matin* du 12 décembre 1909 relatait dans un article intitulé : *La Côte d'Ivoire se soulève pour ne pas payer l'impôt.*

L'indigène est naturellement hospitalier. Naguère, paraît-il, quand un Européen entrait dans un village, avec les souhaits de bienvenue du chef, il recevait des présents. Heureux ceux qui ont connu les joies de triomphateur ! Aujourd'hui, le blanc traverse les villages au milieu de l'indifférence générale, excitant seulement la curiosité des enfants !

1. *Le Journal*, numéro du 1er décembre 1909.

IV. — Vie psychique.

On a l'habitude de désigner les manifestations psychiques sous le nom de qualités ou de défauts. Ces deux appellations n'ont qu'une valeur relative.

L'oisiveté, par exemple, compte-t-elle pour un défaut dans des contrées ou le travail est pénible et où les efforts sont mal récompensés? Et faut-il considérer la docilité comme une qualité chez des individus craintifs, dépourvus de ténacité?

Quoi qu'il en soit, en accordant aux mots le sens convenu, il apparaît que l'indigène a plus de défauts que de qualités; il est nonchalant, ignorant, superstitieux, imprévoyant, dépensier et vaniteux!

En religion, il fait le Salam, croit aux sorciers et vénère les fétiches.

Les marabouts, ennemis, en principe, de l'influence française, s'entendent merveilleusement à exploiter la naïveté populaire. Ils ne vendent pas de l'eau bénite, mais ils débitent des articles de dévotion appelés gris-gris, analogues aux scapulaires et chapelets des catholiques fervents.

Les gris-gris consistent le plus souvent en objets de forme variée fabriqués avec du cuir. La forme carrée ou triangulaire, suspendue au cou au moyen d'un cordon, est la plus fréquente. Vient ensuite la forme en anneau, enroulée autour du bras et du poignet.

Les gris-gris préservent des sorciers et de leurs maléfices, des morsures de serpents, de la fièvre, de la variole, etc... Le prix de ces précieux talismans varie de 2 à 100 francs, selon la stupidité des acheteurs, et l'imposture des vendeurs.

Les marabouts exercent aussi la médecine, et, sous la rubrique de gris-gris solides ou liquides, ils délivrent des drogues soi-disant curatives !

Le noir vit au jour le jour. L'imprévoyance est une des caractéristiques de son tempérament. Le cultivateur vient-il d'amasser sa récolte de mil ou d'arachides, il s'empresse de la vendre.

A-t-il au moins fait une réserve pour les mois de sécheresse ou une année possible de disette ? Oui, mais combien insuffisante ! Aussi, avant la récolte prochaine, doit-il acheter les céréales beaucoup plus cher qu'il ne les a vendues, s'il a quelque argent, ou de pâtir s'il est pauvre.

Certains commerçants européens savent tirer parti de ce défaut d'imprévoyance !

On embauche facilement des manœuvres,

mais dès que ceux-ci sont en possession d'un petit pécule, ils tirent leur révérence à l'employeur et vont se reposer des fatigues de la veille.

L'indigène n'aura pas de longtemps le goût de l'épargne. Le besoin d'argent est permanent. Presque tous les employés à gages contractent des emprunts, dès le lendemain ou le surlendemain de leur solde. Cela vient de ce que leurs goûts dépassent les moyens de les satisfaire. Un prêteur généreux serait assuré d'avoir une clientèle nombreuse. Quant à la solvabilité des clients, dame !... elle offrirait des aléas !

Nous avons dit ailleurs que l'indigène aimait les palabres. Il faut ajouter qu'il excelle dans l'art de la chicane, et quand il obéit à la mauvaise foi, il trouve des expédients mensongers avec une dextérité remarquable.

En terminant cette nomenclature des défauts, rendons cette justice aux noirs soudanais, que les mœurs crapuleuses et la perversité propres à notre civilisation leur sont encore étrangères.

Abstraction faite des qualités physiques, telles que l'endurance et la sobriété, les principales qualités morales de l'indigène sont : la douceur, la docilité et la bonhomie. Grâce à elles, une poignée d'Européens disséminés sur un immense territoire peut légiférer et évoluer à son aise. Le caractère très malléable des Bambaras, en particulier, rend cette race digne d'un grand intérêt.

On a beaucoup vanté le courage du noir africain. Incontestablement, celui-ci affronte de sérieux dangers sans appréhension. En maintes circonstances, les tirailleurs soudanais ont accompli de véritables prouesses. La douleur physique est bien supportée; on a vu des malades refuser l'anesthésie et subir impassiblement des opérations chirurgicales longues et douloureuses.

Voici un exemple typique de courage en face de la douleur :

« Un jour, un indigène résolut de se débarrasser d'une hernie qui le gênait depuis deux ans. Profitant d'un moment où il était seul dans sa case, il se mit à genoux, le siège appuyé sur les talons, et commença une incision avec un mauvais couteau fabriqué dans le pays. Tenant son instrument comme une plume à écrire, il dut recommencer quatre fois avant d'avoir perforé la peau. La paroi abdominale incisée, l'intestin fit hernie aussitôt. Il croyait donner issue à du liquide. Comme il n'en trouvait pas, il ponctionna l'intestin en deux endroits, et à sa grande surprise le volume de sa tumeur augmenta. Il se disposait à couper la masse herniée, lorsqu'il fut surpris par sa femme pendant ce laborieux travail. Le chef du village et les griots furent appelés, mais ils déclarèrent leur incompétence devant une pareille lésion, et on songea alors à conduire le malade à l'infirmerie du poste. Tenant son intestin dans son «boubou» il voulait marcher ; mais, la hernie augmentant de volume, il fut porté sur une civière. Le médecin pratiqua le lavage, la suture des plaies intestinales et le débridement de la hernie. Pendant l'opération, qui a duré une heure et demie, le patient n'a proféré aucune plainte. Le malade n'est pas mort, et dans la suite, avec un bandage herniaire, il vaquait à ses occupations[1]. »

Mais ce courage est-il réellement synonyme de mépris du danger ? Nous pensons que l'inconscience chez les uns et la vanité chez les autres mitigent cette qualité.

L'indigène n'est pas méchant. Les contestations qui surgissent sont réglées généralement à l'amiable, après force discussions.

Pour les villes de Kayes et de Médine, les condamnations pour coups et blessures ont été de 4 en 1904, de 13 en 1905, de 5 en 1906, et de 12 en 1907. Les condamnations à la prison pour vol ont été de 52 en 1904, de 74 en 1905, de 72 en 1906, et de 112 en 1907.

Les condamnations pour escroquerie, abus de confiance ont été de 4 en 1907[2].

La plupart des vols sont commis par les écumeurs de popotes et de magasins, apparte-

1. Rapport du Dr X... Correspondance du poste de Kita, 1896.

2. Renseignements dus à l'obligeance de M. le juge de paix à compétence étendue, et de M. le greffier de la justice de paix de Kayes (1908).

nant à la catégorie des boys ou autres employés sans moralité.

La société noire a ses déclassés. Et, comme ceux-ci ne sont pas des intellectuels, leurs aspirations se bornent à entretenir les fonctions de la vie végétative.

Parmi eux, se trouvent des captifs libérés, qui, n'ayant ni sou, ni maille, ni parents, ni connaissances, ni emploi, sont acculés au plus dures nécessités. Or, la nécessité est mère d'industrie, et l'industrie la plus facile c'est le vol.

Le régime de détention qu'offre la loi française favorise tout à fait le délinquant. En prison, l'existence et le gîte sont assurés, et beaucoup préfèrent la situation de détenu-fonctionnaire au métier libre de crève-la-faim.

Les noirs de brousse ont quelque dignité. Néanmoins, même chez eux, il ne faut pas perdre de vue que l'occasion fait le larron.

Les enfants présentent généralement de bonnes dispositions. Ils sont obéissants, réservés, pleins de franchise et intelligents; mais en avançant en âge, ils perdent leurs qualités, et régressent vers l'état de barbarie quand ils ne tournent pas franchement au vice sous l'influence de mauvais exemples.

En résumé, la population indigène est primitive, inculte, mais non pas imperfectible. Elle demande pour être conduite une autorité bienveillante, juste et ferme. Le noir prodigue naturellement son admiration et son respect à la puissance. L'Européen, l'Européen-type, lui plaît parce que celui-ci, par son intelligence, son habileté et son organisation, symbolise cette puissance. Un excès de bonté, loin de provoquer le sentiment de la reconnaissance, est parfois considéré par lui comme une preuve de faiblesse, que ses mauvais instincts poussent immédiatement à exploiter.

En matière de colonisation, vouloir appliquer aux noirs nos principes et nos lois, c'est leur supposer une mentalité qu'ils n'ont pas.

« Ces populations enfantines n'ont pu parvenir à une mentalité bien avancée, et à cette lenteur d'évolution, il y a eu des causes complexes. Parmi ces causes, les unes peuvent être recherchées dans l'organisation même des races nigritiques, les autres peuvent l'être dans la nature de l'habitat où ces races sont cantonnées. Prétendre leur imposer la civilisation européenne, est une aberration pure. » (Abel Hovelacque.)

Les procédés les plus simples s'inspirant de leurs traditions et de leurs habitudes, seront les mieux compris et les mieux appréciés [1].

1. Ce chapitre, à quelques additions ou remaniements près, a été publié dans *La Revue du Mois*, directeur : Emile Borel; Félix Alcan, éditeur (n° du 10 avril 1910).

ASSISTANCE MÉDICALE INDIGÈNE ET LABORATOIRE D'ANALYSES

L'Assistance dans les postes. — Statistiques vraies et versions officielles. — Impunité assurée aux fraudes, falsifications et empoisonnements.

Un des principaux soucis de la nation civilisatrice doit être non seulement d'enrayer le progrès des maladies, mais encore et surtout de développer et d'améliorer les races autochtones, seules capables de fournir une main-d'œuvre abondante et économique. En Afrique occidentale et centrale, en raison de la très faible densité de la population, le problème est de la plus haute importance.

Aussi a-t-on songé à organiser une assistance médicale aux indigènes.

Au Soudan, l'Assistance publique fonctionne avec 12 dispensaires et 8 postes de consultations pourvus de médecins dont voici le décompte : 5 médecins civils, 2 médecins des troupes coloniales hors cadre et 13 médecins du service général.

Dans les postes de 1re, 2e et 3e catégorie, dépourvus de médecins, au nombre de 28, des administrateurs et des officiers assurent le service médical. Tout en rendant hommage à la bonne volonté de ces fonctionnaires, on se doute bien que le titre d'administrateur ou d'officier ne confère pas la science médicale. Et cette pratique locale ne va-t-elle pas à l'encontre de la loi sur l'exercice illégal de la médecine, instituée autant pour soustraire les malades aux dangers d'un empirisme mal assis que pour défendre des prérogatives acquises au prix de longs et délicats labeurs?

Il n'existe même pas de Commission d'inspection chargée de surveiller et de visiter ces postes au moins une fois l'an.

L'exercice illégal de la pharmacie est aussi très florissant. Plusieurs maisons de commerce vendent au vu et au su de tout le monde des *produits pharmaceutiques* à côté des conserves alimentaires, des cigares, des chaussures, des articles de quincaillerie et des cartes postales!...

En raison du manque de matériaux, de la faible importance des crédits alloués, et des difficultés d'approvisionnement, les dispensaires, sauf de rares exceptions, sont installés dans des baraquements mal agencés, ou tombant en ruine.

L'Administration ne paraît pas décidée à consentir de grands sacrifices, puisque, pour les 48 postes disséminés sur le territoire soudanais et destinés à secourir cinq millions d'indigènes, — cinq millions d'indigents, — elle prévoyait, en 1908, 9.500 francs pour l'achat des médicaments, objets de pansements et appareils de chirurgie. 9.500 francs à répartir entre 20 dispensaires pourvus de médecins et 28 postes!

La révélation du secret de soulager tant de misères à si bon compte ferait, j'en suis sûr, la joie de M. le Directeur de l'Assistance publique de France.

La répartition des objets nécessaires au fonctionnement du service est-elle faite d'une façon méthodique? Pas du tout. Tel produit qui manque à un dispensaire se trouve dans un autre en quantité excessive et inutilisable. Ainsi, Tombouctou a reçu en une seule fois, en 1907, 6 kilogrammes de poudre d'ipéca! A Kayes, il existait dans les vitrines de l'infirmerie plus de 100 kilogrammes d'iodure de potassium! Par contre, au commencement de l'hivernage 1908, il n'y avait plus un gramme de quinine...

Dans quelle mesure les indigènes ont-ils

recours à l'assistance médicale? Les médecins des divers postes vont répondre à cette question.

« Les indigènes de Bobo-Dioulasso sont d'une stupidité navrante et d'une frayeur irraisonnée... Ils se décident difficilement à se livrer au médecin européen [1]. »

Les autochtones de Gaoua sont matériellement et moralement inaccessibles.

« A notre arrivée dans les villages, les habitants, même les malades, s'enfuient : les femmes et les enfants d'abord, puis les hommes, protégeant la retraite, l'arc à la main. C'est à peine s'il reste un ou deux vieillards, qui ne savent ou ne veulent pas toujours répondre aux interrogations. »

Quand les dispositions pacifiques des visiteurs ont ranimé leur confiance, ils s'avancent timidement. Mais, allez-vous faire comprendre!

« L'intelligence du Lobi est tout à fait rudimentaire. Pour trouver un individu capable de saisir une idée, il faut s'adresser à plusieurs. Encore est-il difficile d'exprimer une pensée, car avant d'arriver à l'indigène auquel elle s'adresse, elle risque fort d'être dénaturée par deux mauvais interprètes : français-bambara et bambara-lobi.

« Du reste, il ne faut pas se dissimuler que le crédit

1. Rapp. 1905.

dont nous jouissons auprès de ces gens est absolument nul.

« Leurs féticheurs seuls possèdent leur confiance; nos paroles ne sont écoutées que par un sentiment de crainte, mais ne laissent aucune empreinte dans leur petite mémoire[1]. »

A Dori :

« La consultation a attiré peu d'indigènes; cependant, les gens sont confiants et savent reconnaître le bien qu'on leur fait. Le manque d'empressement était peut-être dû à la pénurie extrême de médicaments[2]. »

A Tahoua :

« Les noirs n'ont recours au médecin que lorsqu'ils ont épuisé toutes les ressources de la thérapeutique indigène. Très souvent, ils s'adressent aux marabouts, dont les amulettes et les formules coraniques paraissent pour les sectateurs de l'Islam avoir des propriétés curatives indubitables[3]. »

A Niamey :

« L'assistance publique a toujours été restreinte. Il n'existe, en effet, aucune case et aucun approvisionnement appartenant au service local; la pharmacie actuelle est à un kilomètre du village, c'est-à-dire

1. Dr Néel, médecin aide-major de 1re classe. Rapport, mars 1907.

2. Rapport, 1906.

3. *Idem.*

bien trop loin pour attirer l'indigène trop insouciant. Tous ceux qui sont venus demander des soins sont des nomades. Les populations aborigènes Djermas, abruties de naissance et secondairement par les marabouts, s'imaginent que l'infirmerie est un vaste hachoir d'où ils ne sortiraient pas vivants. Il serait à désirer que le dispensaire qui va être construit le soit au marché, et que galeux, mendiants et porteurs d'abcès soient obligés d'y passer[1]. »

A Gao :

« Les consultations médicales prennent de jour en jour de l'importance. La moyenne des malades reçus à la visite est d'environ 50 par mois. Ce chiffre est encourageant si on le compare à celui de l'année dernière (15 par mois), mais il est encore loin de ce qu'il devrait être. Les nomades sont toujours aussi réfractaires à l'influence du médecin qu'à notre influence civilisatrice en général.

« Les indigènes sédentaires, opprimés par plusieurs siècles de servitude, pillés et traqués de toutes parts, sont tombés dans une lamentable déchéance physique et intellectuelle. L'insuffisance de l'alimentation, la suppression de toute énergie morale, la misère profonde en font des êtres à classer au dernier échelon de l'humanité. Mais s'il convient d'attribuer à ces divers facteurs la ruine de ces populations jadis prospères, il est incontestable que les affections de toute nature, épidémiques ou endémiques, ont eu aussi leur part dans cette œuvre de

1. Rapport, 1906.

destruction, car, comme l'a dit Darwin, la maladie achève l'anéantissement des vaincus dans leur lutte pour la vie.

« Le taux élevé de la morbidité des Sonraï est la conséquence fatale d'une hygiène déplorable.

« La mortalité infantile est surtout inquiétante, et l'on peut affirmer sans être taxé de paradoxe que l'enfant, dans le milieu indigène, a moins de chance de survivre que le vieillard.

« La diarrhée, la dysenterie et la variole viennent tour à tour le menacer dès sa naissance.

« Placé dans les conditions hygiéniques les plus défavorables, il paye un lourd tribut à ces affections meurtrières.

« Si l'on ajoute à cette mortalité le nombre toujours élevé des nouveau-nés qui succombent aux pratiques plus ou moins mystérieuses, mais toujours funestes, des sorcières accoucheuses, l'on sera pénétré de la haute importance du problème de l'hygiène infantile[1]. »

A Tombouctou, le nombre moyen des consultants a été de 4,5 par jour. Ce chiffre indique combien peu les indigènes sont attirés vers nous. Le nombre des malades admis en traitement a été de 49 femmes publiques, 4 prisonniers, 12 gardes de cercle, 5 laptots de la flotille du Niger et 52 particuliers de Tombouctou ou des environs.

« Les bienfaits de l'assistance, malgré sa gratuité,

1. Rapport annuel de l'Assistance publique.

sont encore bien mal compris de cette population primitive trop soumise à l'influence des marabouts, qui voient dans le médecin l'ennemi à la fois de leur prestige et de leur commerce lucratif. »

A Segou :

« Le nombre des indigènes soignés pendant l'année au dispensaire a été de 1.328. Le noir vient encore trouver assez facilement le médecin, mais accepte difficilement de suivre le traitement prescrit. La peur du bistouri est toujours très vivace. De longues années sont encore nécessaires pour lui faire admettre nos moyens de thérapeutique[1]. »

Pour Bandiagara :

« L'énumération des affections spéciales aux indigènes est depuis longtemps faite. Un seul fait mérite d'être redit : les noirs viennent toujours trop tard, alors que leur maladie, rebelle à tous les essais de médicaments indigènes, en est arrivée à la dernière période. C'est l'ulcère phagédénique au lieu de la plaie simple, la syphilis tertiaire au lieu de l'accident primitif, la cornée détruite au lieu de la conjonctivite purulente.

« La médecine européenne connaîtra de beaux jours en Afrique quand l'indigène viendra demander du secours à temps !...[2] »

En territoire mauritanien (cercles de Kiffa et Nioro), les résultats obtenus sont à peu près

1. Rapport annuel de l'Assistance publique.
2. Rapport annuel du poste, 1907.

nuls. Les Maures souffrants ne passent au dispensaire que lorsque des raisons administratives les appellent dans le chef-lieu du cercle.

« La syphilis et la gale représentant 50 °/₀ des cas observés à la consultation. Le Maure ignore les soins de propreté les plus élémentaires ; il s'abstient d'eau, — *pour cause*, — usant de sable pour les ablutions coraniques. »

Dans les vastes régions où l'eau est très rare, l'habitant acquiert une sorte d'accoutumance à se passer de cet élément. On prétend que des Maures ne connaîtraient en fait de boisson que le lait de vache ou de brebis !... Mais continuons notre intéressante citation :

« Il est rare de voir un syphilitique ou un galeux à qui un traitement a été prescrit une première fois revenir à la consultation... La syphilis et la gale se propagent chez les Maures avec une grande rapidité, grâce à leur prosmicuité. Ils vivent couchés côte à côte dans la même tente, se servent des mêmes ustensiles pour leur alimentation. Lorsqu'ils fument, le même os de mouton qui tient lieu de pipe, circule de bouche en bouche. Il n'est donc pas étonnant de voir un si grand nombre d'avariés !... [1] »

A signaler enfin que certains dispensaires

1. Rapport annuel du poste de Kiffa, 1907.

ont été créés dans des chefs-lieux les moins appropriés.

« Koury, *par exemple*, est un petit village sans marché, situé en dehors des grandes routes commerciales, au centre d'une zone peu peuplée, et un dispensaire installé dans ce centre ne pourra jamais rendre qu'une très faible partie des services qu'on pourrait en attendre[1]. »

Le dispensaire de Kayes fait exception à la règle générale. Ici, les malades affluent. Plus de 100 consultants nouveaux et malades anciens suivant un traitement, défilent tous les matins à la visite.

Mais ce nombre n'est-il pas un inconvénient? Peut-il raisonnablement s'occuper de chacun d'eux le médecin auquel incombent, en outre, la visite des Européens logés à Kayes-ville, la visite hebdomadaire des écoles, celle des filles publiques, le service d'hygiène urbaine, l'inspection des viandes vendues sur le marché et de l'abattoir, l'arraisonnement des navires en hivernage, l'exécution des mesures sanitaires prescrites par le directeur du service de santé et enfin la médecine légale et la vaccine?...

1. Lettre du Dr D..., du 7 décembre 1907.

Ce tableau des consultations médicales permettra de juger de leur importance dans les divers postes pour l'année 1906[1] :

POSTES	CONSULTANTS
Segou	1.277
Bandiagara	4.380
Tombouctou	1.642
Gao	600
Niamey	?
Nioro	?
Dori	?
Bobo	390
Gaoua	202
Ouagadougou	9.125[2]
Niafunké	?
Koury	91[3]
Bamako	?
Koulikoro	4.536
Kayes	12.083
Total	34.326

Le lecteur qui, lisant ces chiffres, aurait en même temps sous les yeux la page 37 du *Journal officiel de l'A. O. F.* du 25 janvier 1908, ne

1. Rapport général sur l'Assistance publique, 1906.
2. Ce chiffre se rapporte aux *consultations* et non aux *consultants*.
3. Pour le quatrième trimestre seulement.

manquerait pas d'être vivement surpris. Car voici ce qu'il contient, ce numéro du journal :

Assistance indigène.

Résultats obtenus en 1906 dans les postes en fonctionnement.

POSTES	CONSULTATIONS
Segou	9.000
Bandiagara	4.320
Tombouctou	1.800
Gao	18.000
Niamey	10.800
Nioro	10.764
Dori	4.000
Bobo-Dioulasso	12.660
Gaoua	2.000
Ouagadougou	9.000
Niafunké	2.641
Koury	1.000
Bamako	16.000
Koulikouro	45.000
Kayes	133.559
Total	280.544

Par quelle voie sont parvenus les résultats concernant Niamey, Dori, Niafunké et Bamako? Par quel jeu combiné de miroirs, les chiffres de

CONSULTANTS		CONSULTATIONS
1.277	à Segou se sont-ils transformés en	9.000
600	à Gao — —	18.000
390	à Bobo — —	12.660
4.536	à Koulikouro — —	45.000
12.083	à Kayes — —	133.559 ?

Quelle distinction a été établie entre les mots Consultants et Consultations?

Consultant signifie: personne qui demande une consultation, c'est-à-dire un avis médical motivé, et *Consultation* désigne l'action de consulter cette même personne.

En bon français, il ne saurait y avoir, semble-t-il, dans ces termes matière à interprétations dissemblables!

Le renouvellement d'un pansement, l'administration journalière d'une dose d'iodure de potassium, les frictions périodiques de pommade mercurielle ou de pommade d'Helmérich, les injections régulières de cacodylate de soude, etc... comptent-elles pour autant de consultations? A mon sens, le fait de se présenter au dispensaire pour y suivre un traitement d'assez longue durée prescrit par le médecin à la première visite ou consultation ne constitue pas une consultation nouvelle!

Quand ces problèmes seront résolus, voici un joli petit sujet de méditation : Kayes n'a qu'un médecin hors cadre auquel sont dévolues, nous l'avons dit, de multiples fonctions. Que l'on veuille bien calculer combien le chiffre de 133.559 représente d'heures de consultation par jour, en supposant que le médecin n'accorde à chaque malade que deux minutes.

Les considérations qui suivent ces chiffres sont amusantes !

« C'est près de 10 fois le chiffre accusé en 1905 ! et cela par le seul fait des facilités données aux médecins des anciens postes (7.200 francs prévus pour l'entretien de 12 dispensaires, 9.500 francs alloués pour l'achat de médicaments, objets de pansements et appareils, une diminution de 22.292 francs par rapport à l'exercice précédent au chapitre : Service sanitaire et Assistance publique, voilà les facilités pour l'exercice 1908 !)[1] et de l'appel fait à leur dévouement en faveur de l'œuvre de l'Assistance ! »

Suivent les budgets comparatifs pour les années 1903 à 1907.

« C'est là une progression qui montre la confiance que l'administration de la colonie place dans l'avenir de l'Assistance et la volonté qu'elle a de fournir à ce service les moyens nécessaires pour assurer son plein développement... »

En 1907, le nombre des Consultations a été de 98.653 et celui des Consultants de 20.121, parmi lesquels 580 seulement ont consenti à être hospitalisés[2] !

Comparés à ceux de l'année précédente, pro-

1. Bugdet du Haut-Sénégal-Niger, 1908.

2. Rapport annuel sur l'Assistance médicale aux indigènes, 1907. (Sous-direction du service de santé de Kayes.)

clamés par le *Journal officiel de l'A. O. F.*, ces résultats sont peu brillants.

Dans « la campagne antivariolique pendant l'année 1906 », le *Journal officiel de l'A. O. F.* du 29 février 1908 donne 51.416 inoculations.

Or, d'après les rapports provenant des postes, on arrive à un total de 23.663 vaccinations.

Si les précédentes déclarations officielles n'avaient pas suffi à faire naître sur vos lèvres « le sourire », les suivantes ne manqueraient pas de le provoquer :

« La science de nos médecins est admise dans les villes et les villages, et les noirs ne s'étonnent plus à la vue de l'instrument le plus simple !

« Les avantages les plus précieux qu'aient retirés les indigènes de notre présence parmi eux sont dus à l'amélioration de l'hygiène et, par suite, de la santé des individus, questions qui ont toujours été l'objet de notre attention et de notre sollicitude. A Kayes fonctionnent normalement un Conseil sanitaire et une Commission d'hygiène. La première de ces assemblées s'occupe de la police sanitaire maritime ; la deuxième étudie les questions de salubrité publique et d'hygiène générale des agglomérations[1]. »

Une réunion du Comité d'hygiène s'est tenue

1. *Le Haut-Sénégal-Niger*. Notices publiées par le gouvernement général à l'occasion de l'Exposition coloniale de Marseille, 1906, page 197. Crété, éditeur.

le 22 octobre 1906, et jusqu'en 1909 ou même peut-être jusqu'à ce jour, il n'y en a pas eu de nouvelle!...

⁂

A côté de la lutte à engager contre les maladies doivent être envisagées les précautions à prendre contre les altérations et les falsifications des substances alimentaires! Les altérations sont activées et multipliées par les conditions climatériques. L'ignorance de la clientèle, les difficultés du contrôle et l'âpreté au gain encouragent les falsifications.

Or, il n'existe pas au Soudan de laboratoire d'analyses. Aussi les laitiers pourront-ils vendre au prix de cinquante centimes le litre du lait frelaté ou de mauvaise qualité! Les commerçants non consciencieux pourront se débarrasser impunément des denrées avariées par un long séjour en Afrique ou débiter les mauvais produits expédiés par des fournisseurs peu scrupuleux. Et ce ne sont pas là simples vues de l'esprit! Qui oserait affirmer que le pain fabriqué à Kayes est tous les jours exempt de farine avariée?

Si on consulte le registre des analyses exécutées, en dépit de toutes les difficultés, à l'hôpital colonial, on verra qu'aucun des échantillons de farine soumis à l'expertise en 1907 et 1908 ne réunissait les conditions voulues, qu'un échantillon de vin présentait les caractères d'un vin viné, et que deux échantillons de lait destinés aux malades étaient l'un du colostrum et l'autre du lait additionné d'eau dans la proportion de 2/5.

Mais ces analyses sont accidentelles et la demande de certaines autres : eaux destinées à l'alimentation, denrées suspectes, etc..., a dû être accueillie par une fin de non recevoir.

Puisque je parle d'alimentation, j'étendrai mes critiques à la viande de boucherie.

La plupart du temps, les bêtes à cornes sont maigres, souffreteuses et porteuses de cysticerques[1]. Les moutons sont parasités par la douve du foie, etc... Les animaux subissent-ils un examen rigoureux ? Le médecin de Kayes-ville, en allant le matin au dispensaire, passe devant les bêtes présentées par les vendeurs, et, au pied levé, il désigne à un garde-cercle celles qui lui inspirent le plus de confiance.. Celles-ci sont amenées à l'abattoir sous la surveillance du garde, et c'est tout.

Il y a bien un vétérinaire dans la colonie. Mais s'imagine-t-on que chacun remplisse les fonctions

1. La fréquence du tænia en est la preuve.

auxquelles semblent le destiner des connaissances spéciales ? Nous avons vu des administrateurs et des officiers faire l'office de docteurs en médecine ; nous voyons à présent un médecin remplir, très superficiellement sans doute, les fonctions de vétérinaire pendant que ce dernier remplit celles d'agronome.

Un laboratoire d'analyses servirait non seulement la cause de l'hygiène, mais aussi celle de la justice. En ce moment les empoisonneurs ont la partie belle ! Naguère, les hommes d'un poste mauritanien furent pris d'indisposition violente et subite. Du lait soupçonné par le commandant du poste de contenir une substance toxique et rapporté par le médecin envoyé d'urgence au secours des victimes, n'a pu être soumis à l'examen toxicologique.

Dans une autre circonstance, le parquet fut saisi d'une sensationnelle affaire d'empoisonnement, et malgré l'impossibilité d'entreprendre des recherches longues et minutieuses, l'unique pharmacien chimiste du Soudan était commis à l'expertise de plusieurs substances saisies au cours d'une perquisition.

Enfin le service des douanes du Haut-Sénégal-Niger serait fort aise d'avoir dans la colonie, à Kayes de préférence, un laboratoire bien outillé auquel il confierait des expertises.

L'utilité d'un laboratoire d'analyses ne sera contestée par personne.

Par une circulaire du 8 août 1907, M. le ministre des Colonies, soucieux de la santé de son personnel prescrit aux intendants militaires d'envoyer à l'analyse toute denrée suspecte.

Dans l'état actuel des choses, le seul chimiste du Haut-Sénégal-Niger, officier du corps de santé, se trouve dans la position du soldat sans armes. Il lui est aussi difficile de se consacrer à la cause de l'hygiène que malaisé de concourir à l'application de la décision ministérielle.

LIVRE V

DIVERS AUTEURS ONT FAIT DU SOUDAN UN ELDORADO ; LA NATURE SEMBLE VOULOIR EN FAIRE UN DÉSERT. — CONSIDÉRATIONS ÉCONOMIQUES SUR LE SOUDAN ACTUEL. — TROUPES NOIRES

ERREURS ET EXAGÉRATIONS ÉCRITES SUR LE SOUDAN

« Ah! l'histoire selon les méthodes récentes! que de sources à consulter, que de documents contradictoires!... Il faut rassembler tous les témoignages pour en faire la critique... » Telles sont les lignes que j'emprunterais volontiers au *Jardin de Bérénice* de Maurice Barrès pour en faire une épigraphe à ce chapitre.

La critique..... je veux bien l'essayer doucement, sans jamais me départir de la plus parfaite courtoisie. Quant à rassembler tous les témoignages, dame! ce serait là une entreprise trop compliquée.

Je me contenterai d'en citer quelques-uns recueillis au hasard, au cours de mes lectures, dont la portée est en contradiction formelle avec la réalité ou dont les tendances vont manifestement vers l'exagération, sœur cadette de l'erreur.

« Le Soudan pour nous, dit Estancelin[1], c'est la perle de grand prix. »

« Il y a longtemps, écrit le lieutenant-colonel Hennebert, que les géographes ont, pour la première fois observé ce fait très curieux que les régions les plus riches du globe sont celles dont le territoire festonne le quinzième degré de latitude nord. Or, comme les Antilles et les Philippines, comme l'Indo-Chine et l'Indoustan, le centre Afrique se trouve « à cheval » sur ce quinzième parallèle si remarquablement privilégié de la nature. Il serait donc, jusqu'à un certain point, permis d'induire de là que, s'il étale à nos yeux d'*admirables splendeurs*, notre Soudan ne fait en cela qu'obéir à des lois générales; mais point n'est besoin de procéder par voie d'induction quand nous disposons à cet égard de tant de *témoignages irrécusables !*

« Elles sont magnifiques, nous disent les voyageurs, elles sont immenses les richesses minérales de ce *merveilleux pays*. On ne saurait chiffrer ce que ce sol recèle d'or, d'argent, de fer oligiste, d'hématite, de cuivre, de phosphates, etc.

« Et quelle végétation luxuriante ! Quelles forêts de cotonniers, de tamariniers, de baobabs, de palmiers flabelliformes, d'orangers, d'arbres à caoutchouc, de vignes, d'arbres à beurre, de cent essences diverses donnant des bois de charpente, d'ébénisterie ou de teinture !

« Quelles cultures faciles, quelles opulentes ré-

1. ESTANCELIN, cité du lieutenant-colonel HENNEBERT. *De Paris à Tombouctou, en huit jours*, p. 81. Librairie Léopold Cerf, Paris.

coltes ! En regard des céréales : orge, blé, maïs ou millet, se développent et prospèrent l'indigo, le sésame, le sorgho, les arachides, la patate, l'orseille, le tabac, le café, le poivre, les truffes, le copal, la canne à sucre et mille autres plantes précieuses.

« Là dans de vastes savanes, dans des prairies dont les herbes atteignent jusqu'à 5 mètres de hauteur paissent d'innombrables troupeaux de chameaux, de bœufs, de moutons et de chèvres. Là, dans ces terres fécondes, gît une mine inépuisable de richesses d'origine animale : cires, ivoires verts (éléphants) ivoires blancs (hippopotames) plumes d'autruche, peaux de toute espèce de fauves, etc.

« L'Afrique centrale !... Mais c'est en Afrique centrale que se trouve la plus claire des sources de la Richesse, source abondante, à la veine large et limpide, au jet inépuisable[1]... Elles sont riches et belles, ces contrées qu'arrosent le Niger, le Bénoué, le Chari ! Ils ont tous les éléments d'une inaltérable prospérité ces Etats florissants qui bordent le lac Tchad ! [2] »

Le plus élémentaire bon sens commandait la construction d'une voie ferrée reliant à l'Algérie « ces états florissants » en parcourant « le grand boulevard du Sahara ».

« Notre industrie en souffrance cherche des débouchés ; notre population en quête de pays neufs passe les mers.

1. Lieutenant-colonel HENNEBERT : *op. cit.*, p. 275 à 278.
2. *Ibid.*, p. 47.

« Notre Algérie est la tête de ligne indiquée d'une voie nouvelle qui mettra, *en huit jours*, Paris en communication avec une fourmilière humaine, échelonnée le long des bords d'un fleuve immense, naviguable — uniquement, si nous le voulons — pour nos vaisseaux. Et nous hésiterions à entreprendre une œuvre qui serait aussi considérable pour notre pays et plus considérable encore que la découverte du Nouveau-Monde[1] !

« La question transsaharienne... On la croyait délaissée, morte, ensevelie à jamais. Mais non ! elle n'était que tombée en léthargie... Voici qu'elle sort enfin d'un long sommeil et semble appelée au succès d'une brillante renaissance, aux gloires d'un bel avenir.

« Voici que d'éminents esprits la reprennent... cette grande question plus importante et sérieuse pour nous Français que celle de Panama[2].

« Le transsaharien vaut mille fois le grand tunnel de la Manche, le chemin du Simplon[3]. »

Le Sahara lui-même a été présenté sous un jour plutôt séduisant.

Parler mal de cette immensité, c'est n'avoir « ni réflexion, ni expérience ».

Le principal impresario du théâtre des attrac-

1. Estancelin, *in* lieutenant-colonel Hennebert : *op. cit.*, p. x et xi.

2. Lieutenant-colonel Hennebert : *op. cit.*, avant-propos.

3. Estancelin, cité du lieutenant-colonel Hennebert : *De Paris à Tombouctou, en huit jours*, p. 81.

tions sahariennes se nomme P. Leroy-Beaulieu, membre de l'Institut.

La préface de son livre sur « Le Sahara et le Soudan [1] » mériterait d'être lue en entier. Je me contente d'en citer quelques extraits :

« Il n'y a aucun doute qu'un jour, si nous ne laissons pas échapper l'occasion et si nous les conservons, ces deux contrées complémentaires : le Sahara et le Soudan, constitueront *la plus merveilleuse colonie* française d'exploitation. Aucune autre, sans en excepter l'Indo-Chine, ne pourra lui être comparée. »

Le Sahara

« N'est pas une étendue de sable mouvant; les 9/10 de sa surface présentent au contraire un sol consistant et uni. Il reçoit des pluies avec régularité même. Nous fournissons à ce sujet tout un ensemble de témoignages irrécusables. Outre certaines eaux superficielles, le Sahara a une abondance d'eaux souterraines.

« Les oasis peuvent être étendues, multipliées.

« La végétation n'est pas rare au Sahara; les vrais arbres formant parfois, d'après les récits des explorateurs, des bois, presque des forêts, y sont nombreux.

« Des contrées entières se prêtent à l'agriculture.

« La transformation d'une partie notable du Sahara en une région d'élevage et de modestes cultures,

1. Paul Leroy-Beaulieu : *Le Sahara, le Soudan et les chemins de fer transsahariens*. Guillaumin et Cie, édit., 1904.

avec de place en place quelques riantes oasis, constituerait encore un *domaine magnifique*, un des plus beaux domaines que nous possédions.

« Outre ses possibilités pastorales, culturales, en quelques endroits peut-être forestières, le Sahara tient en réserve de précieuses ressources minérales. C'est beaucoup plus le sous-sol que le sol qui contribue dans le temps présent à lancer une contrée neuve. Certes, on ne peut compter trouver au Sahara des mines d'or ou de diamant, mais il suffit que l'on y rencontre du cuivre, du plomb, du zinc, d'autres substances minérales, jadis dédaignées ou inutilisées, des nitrates, et autres de ce genre. Or, de ce coté, on peut avoir toute certitude; le cuivre, notamment, abonde au Sahara.

« Ce qui condamne beaucoup plus que la nature le Sahara, à n'être qu'une solitude, c'est l'effroyable insécurité qui le désole..... Etablissez la sécurité dans cette immensité, accompagnez ce bienfait de quelque art dans la recherche et l'aménagement des eaux, — vous parlez d'un art! — et le Sahara nourrira au bout de quelques décades d'annees, une dizaine de millions d'hommes, sinon même deux dizaines de millions! »

Les chemins de fer transsahariens sont l'objet de la tendre sollicitude de M. Leroy-Beaulieu :

« Nous parlons au pluriel; nous disons : les chemins de fer transsahariens et non pas le chemin de fer transsaharien (transsaharien du Niger et transsaharien de Tchad). »

Pour terminer le premier, il ne reste à construire que la batagelle de 1.600 ou 1.700 kilomètres de voie ferrée. Quand au second, « à notre grande honte et à notre grand préjudice », il n'est encore amorcé que sur 330 kilomètres en Algérie !

Pour écarter le reproche d'ignorance ou de légèreté, le célèbre économiste prend soin de nous indiquer que de telles appréciations sont « le résultat de 30 années d'observations et d'études ».

Sous la signature d'Alphonse Allais, le poème-préface de M. Leroy-Beaulieu eût été une « bonne blague ».

J'ai tout lieu de penser, M. Leroy-Beaulieu, que vos sources d'informations sont sujettes à caution. Pourquoi donc n'iriez-vous pas étudier objectivement les contrées sur lesquelles se dépense votre talent? La vue des réalités détruirait bien vite, j'en suis persuadé, le mirage de vos impressions, trop exclusivement subjectives.

Avant la fixation par M. Leroy-Beaulieu de mines de métaux industriels et de nitrates dans le Sahara, des auteurs[1] y avaient localisé des perles et des émeraudes.

1. Pline et Louis Noir, cités de Jean Hess : *La vérité sur l'Algérie*, p. 122.

Enfin, il y a quelques dizaines d'années, le Sahara passait pour être l'une des régions les plus saines du globe, celle où l'on rencontrait le plus fréquemment des centenaires, tant de race blanche que de race noire.

Dans ses *Touaregs du Nord*, M. Henri Duveyrier s'exprime ainsi sur la longévité des peuples du Sahara central :

« Les centenaires n'y sont pas très rares. On cite même des individus qui ont atteint cent trente et cent cinquante ans[1]... »

Arrêtons là les prodiges sahariens, ou plutôt allons les admirer maintenant chez un Allemand M. Fritz Ohle.

Cet auteur place dans l'Eguéré « des centaines de cratères en comparaison desquels ceux du Vésuve et de l'Etna paraîtraient être des trous de souris », et dans l'Amadghor « des plaines fertiles et quasi paradisiaques »; il parle de « vastes dépôts miniers » et des « nombreux petits lacs de la vallée de l'Igharghar sur les rives desquels les orangers et les arbres à caoutchouc, les gigantesques chênes-liège, les forêts de lauriers, les

1. Gabriel Gravier : *Voyage à Ségou*, rédigé d'après les notes et journaux de voyage de Soleillet, 1879. Challamel aîné, libraire-éditeur, 1887; préface, p. 12.

aloès croissent en libre et luxuriante végétation ».

« Le sol, dit-il ailleurs, est de nature substantielle ; on y rencontre quelques collines de sable, mais cela ne tire pas à conséquence. »

Il souhaite à la France « de faire valoir le riche trésor qu'elle a découvert au Sahara » et d'y « développer ses grandes facultés colonisatrices ».

Le transsaharien, continue Ohle, procurerait de

« ... Considérables avantages aux colonies allemandes. Par ce moyen, les Allemands qui désireraient visiter la colonie du Caméroun pourraient s'y rendre en dix jours, y compris un jour et demi sur la Méditerranée. Ils pourraient aussi jouir des belles nuits tropicales de l'Afrique centrale dans le confort d'un wagon restaurant ou d'un wagon couloir[1]. »

Je ne sais pas quelle interprétation vous donnerez à ces paroles. Quant à moi, j'ai une opinion ferme. Mais pour ne pas blesser la susceptibilité des Sahariens, je ne la dirai pas.

Je reprocherai seulement à Ohle d'avoir été un patriote égoïste en songeant uniquement aux avantages matériels que sa nation retirerait du

1. *Bulletin du Comité de l'Afrique Française*, p. 249 ; Juin 1907.

transsaharien. Il aurait tout de même pu souhaiter aux organisateurs de cette voie ferrée (ou de ces voies ferrées), en récompense de leurs labeurs et de leur zèle éclairé, le monopole des actions de la future compagnie transsaharienne ou une place de chef de gare dans une de ces délicieuses stations « du grand boulevard du Sahara ».

En dehors des erreurs particulières relevées incidemment dans les chapitres précédents, veut-on encore des exemples?...

Voici pour la population :

Première attestation :

« L'auteur du *Tarikh es Soudan* nous apprend qu'au XVIIe siècle la province de Djenné comptait 7.077 villages, soit environ 4.000.000 d'habitants. »

Réfutation :

« Or, il n'y a pas 400 villages de nos jours[1] ».

La population, en 1908, y était de 81.000 habitants environ.

Deuxième attestation :

En ce qui concerne la région comprise au dessous du Hoggar, entre l'Aïr et les Berabich, le

1. Cap. Lenfant : *Le Niger. Voie ouverte à notre empire africain*; p. 215. Librairie Hachette, 1903.

chiffre de la population, au dire de Sabatier (*Touat, Sahara et Soudan*), aurait atteint le chiffre de 600.000 habitants : Touaregs et esclaves,

« Sans dissimuler, ajoute l'explorateur, qu'à suivre notre inspiration personnelle nous écririons plutôt le chiffre de un million[1]. »

Réfutation :

« Il fut facile de constater, à bord du « Mage », dit Jaime, qu'entre Safay et Tombouctou, à perte de vue dans la plaine et au bord du fleuve où venaient forcément boire les troupeaux, il n'existait sur ce parcours d'environ 100 kilomètres que deux campements touaregs sur la rive droite et trois sur la rive gauche. Chacun de ces campements ne comprenait pas plus d'une cinquantaine de tentes et la population était à peine de 5 à 6 personnes par tente.

« De plus, nous n'avons jamais rencontré de tribus Tademkett ou autres ayant une moyenne de 440 tentes, comme le dit M. Sabatier. Pour arriver au total de 600.000 habitants cités plus haut, M. Sabatier s'appuie sur les renseignements de Barth, très précis sans doute au moment du passage du célèbre explorateur (1850-1855), mais erronés maintenant[2]. »

Enfin, ainsi que le fait remarquer le colonel Frey, la population entière du Soudan aurait été

1. Jaime : *op. cit.*, p. 191.
2. *Id.*, p. 191 et 192.

évaluée à 50, 80, et 100 millions d'habitants[1].

Un dernier exemple se rapportera à Tombouctou. Cette ville a eu son heure de célébrité. Dans le défilé du cortège légendaire des opulentes cités du centre-africain, elle représentait la « reine du Soudan ».

Sa population de jadis a été estimée à 25.000 habitants[2]. Les transactions commerciales y auraient été importantes. Sabatier raconte que tous les ans deux caravanes se composant ensemble de 8 à 10.000 chameaux venaient y trafiquer[3].

M. Dubois évalue le commerce à 20 millions[4].

Or, voici des renseignements que nous donne, en 1894, sur la trop célèbre localité, Édouard Guillaumet, auteur parfaitement digne de foi :

« Le marché de Tombouctou n'est guère plus alimenté que par le sel des mines de Taodénit, échangé contre des grains et surtout des esclaves venus du Macina et des États de Samory. »

(Jaime déclare, en 1890, que les rares caravanes qui venaient du Maroc ou de la Tripoli-

1. Col. Frey : *Côte occidentale d'Afrique*, p. 200. Marpon et Fammarion, éditeurs.

2. Ed. Guillaumet : *La Vérité sur Tombouctou*, p. 75 Albert Savine, éd., 1895, Paris.

3. Jaime : *De Koulikoro à Tombouctou*, p. 193.

4. Hanotaux : *Fachoda*, p. 209.

taine n'apportaient pas par an plus de cinq cents charges de chameau de marchandises, dont le quart avait peut-être une origine européenne.)

« La population, y compris la population flottante, est de 6.000 habitants au maximum.

« Les indigènes sédentaires sont fort pauvres et ne produisent rien « dans la crainte du pillage ».

Les rues de la ville

« Sont bordées d'un tas de meurt-de-faim accroupis sous le soleil et abandonnés à leur fatalisme de souffrance. C'est même à tel point que lorsque nos troupes pénétrèrent à Tombouctou, ils ramassaient, à la façon des moineaux de France, le crottin des chevaux qu'ils passaient au tamis pour en extraire quelques résidus de mil dont ils faisaient leur couscous[1]. »

L'intérieur des habitations sue « la misère et le besoin ».

La région avoisinante, sablonneuse, est improductive. Et lorsque les Touaregs

« Restent deux jours et plus sans manger, ce n'est pas par tempérament, ainsi qu'on l'a dit, mais parce qu'ils n'ont ni un grain de mil, ni une calebasse de lait, n'ayant rien récolté ou n'ayant rien pu piller !

« Quand j'aurai ajouté que l'élevage du bétail lui-même, qui serait une excellente chose sur place, ne

1. Ed. Guillaumet : *op. cit.*, p. 76.

peut guère être réservé qu'à des tribus nomades, à cause des immenses déplacements qu'exige la crue du fleuve, dont l'étendue dans cette région est de plus de 200 kilomètres, que l'épizootie là-bas est aux troupeaux ce que les sauterelles sont aux récoltes, et qu'enfin la mortalité des Européens n'est pas inférieure à celle des autres parties du Soudan, j'aurai présenté d'une façon impartiale et exacte le bilan de la région de Tombouctou et détruit la légende que le récit de voyageurs isolés et surtout l'attraction de l'inconnu n'avaient pas peu contribué à grossir démesurément.

« En résumé, ce n'est pas encore là que les immenses sacrifices qu'on a faits pour le Soudan trouveront une compensation...[1] »

Qu'une pointe d'accent gascon ou marseillais relève un peu le ton des récits de voyages lointains, personne ne s'en offusque.

Qu'on substitue à la simplicité du langage qui sied aux études économiques une phraséologie tapageuse, cela surprend. Mais qu'un enthousiasme débordant, qu'une imagination pétulante s'emparent, à l'exclusion de tout contrôle expérimental, d'un sujet essentiellement grave, voilà qui peut entraîner des suites désastreuses.

Les peuples, comme les hommes, sont naturellement crédules. Et tout ce qui est suscep-

1. Ed. Guillaumet : *op. cit.*, p. 78.

tible de favoriser l'intérêt, d'augmenter la puissance ou de flatter l'orgueil, avive la crédulité.

Posséder un empire d'une richesse incomparable, recélant une fourmilière de paisibles et laborieux citoyens... Quelle joie pour un patriote français! et comme cette possession nous dédommagerait de la perte des Indes, d'une grande partie des Antilles, du Canada et de la Louisiane... Serait-il possible de douter de son existence et de sa valeur? Tous les avis sont unanimes... « Il y a tant de *témoignages irrécusables*! »

Toutes ces preuves *irrécusables* n'incitent-elles pas à songer à ces preuves fausses, à ces pièces « appropriées » qu'Anatole France, avec une ironie mordante, déclare meilleures que les vraies parce qu'elles sont faites exprès, « pour les besoins de la cause, sur commande et sur mesure, préférables aussi parce qu'elles transportent les esprits dans un monde idéal et les détournent de la réalité qui, en ce monde, hélas! n'est jamais sans mélange...[1] »!

Il en est des erreurs politiques ou économiques comme des préjugés religieux. Allez les faire disparaître une fois qu'elles sont ancrées dans les cervelles!

1. *L'Ile des Pingouins*, p. 269.

Aussi voit-on parfois de hautes intelligences, des esprits bien intentionnés, émettre sur certaines questions des opinions fausses, parce que les sources d'informations qui ont guidé le jugement sont incomplètes, superficielles, erronées ou mensongères.

C'est vraisemblablement en s'appuyant sur des rapports défectueux que M. Eugène Etienne écrit, en toute sincérité, vers 1903, dans une préface[1] :

« Ce n'est pas une des moindres satisfactions de ceux qui ont cru à la valeur du Soudan, alors qu'elle était presque universellement contestée, de voir que c'est vers ces terres nouvelles que se tournent les regards, non des rêveurs et des théoriciens, mais des hommes pratiques qui comprennent que ces conquêtes qu'on nous a reprochées comme coûteuses et inutiles, fourniront, dans un avenir peut-être prochain, des ressources inespérées à notre commerce et à notre industrie. »

Plus encore que M. Etienne, M. Gabriel Hanotaux a dirigé vers l'Afrique occidentale ses persévérants efforts.

M. Hanotaux a ses raisons. Sur les confins de l'Afrique du Nord, ou des Arabes, et de l'Afrique du Sud, ou des noirs,

1. Cap. Lenfant : *Le Niger* ; *Voie ouverte*, etc.

« Les voyageurs ont vu avec surprise surgir devant eux tout un spectacle des Mille et une Nuits : vastes empires à populations agglomérées, dynasties régulières dont les origines remontent à plusieurs siècles, villes aussi vastes que des cités européennes où les constructions mauresques, blanches sous le soleil, dominent les paillotes au toit pointu; armées superbes comptant parfois cent mille soldats, avec des corps d'élite composés de 20 ou 30.000 cavaliers ornés comme des sultans palatins[1]... Dans les villes, des mosquées, des fontaines sacrées, des prêtres, des savants, des philosophes, des annalistes écrivant les fastes des règnes qui se succèdent, des étudiants en grand nombre qui font comparer telle ville à une « Florence africaine »; la campagne cultivée, verte, animée, abondante en fourrage, en bestiaux; les chemins peuplés de voyageurs, piétons et cavaliers, un commerce actif, ingénieux, une industrie, etc. Tels sont les traits principaux de cette vaste contrée qui a vu des empires comme ceux des Sonraï, des Peuls, etc., qui compte des villes comme Tombouctou, Sokoto, etc[2]. »

L'ardent patriotisme que porte en son cœur M. Hanotaux s'enorgueillit de faire de la France la reine de « ce magnifique domaine ».

La question du Transsaharien est naturellement reprise.

1. Gabriel Hanotaux, de l'Académie française. *Fachoda. Le partage de l'Afrique*, p. 52. Ernest Flammarion, éditeur, 1909.
2. *Ibid.*, p. 53.

« Le chemin de fer... voilà le véritable conquérant de l'Afrique ; il réunit à la côte les bassins supérieurs de ces grands fleuves qui en étaient séparés; il ouvre ainsi au commerce l'aire immense du vaste plateau intérieur et l'accès des grands lacs, si longtemps perdus au fond des terres et qui verront des civilisations puissantes sur leurs bords[1]. »

La longueur de la voie ferrée transsaharienne serait de 1.000 à 1.200 kilomètres; les dépenses atteindraient le chiffre de 50 à 100 millions.

Quant aux frais d'exploitation, ils seraient supportés par la métropole et par les colonies intéressées : Algérie, Tunisie, Niger, Sénégal.

Le point terminus de la ligne serait Tombouctou.

On se demande ce que serait un chemin de fer sur une mer de sable et de cailloux.

Le désert?... « C'est un obstacle, une séparation ». Et si on allègue qu'il est incapable de rémunération, « c'est prendre la question à rebours... La mer aussi est un obstacle, une séparation et la mer non plus ne paye pas[2] ».

La mer ne paye pas, c'est juste, mais elle est la voie économique par excellence. La voie ferrée exige la pose des rails, une surveillance

1. G. Hanotaux : *op. cit.*, p. 167.
2. *Ibid.*, p. 235.

constante, des réparations continuelles, des gares rapprochées, un personnel nombreux, un matériel coûteux, etc. Au Sahara, son ensevelissement par places, sous les sables, serait à peu près certain. Par voie d'eau, les marchandises sont transportées au prix de 65 francs la tonne de Kayes à Bordeaux ou Marseille. Quelle voie ferrée transsaharienne pourra faire des prix aussi avantageux pour le transport des denrées chargées sur un point quelconque du Niger à destination d'Europe, même en augmentant ces prix de ceux qui seraient payés par ces marchandises au chemin de fer de Koulikouro à Kayes?

La conquête du Sahara, pour être une des « pages héroïques de l'histoire humaine », n'en demeure pas moins aussi inutile que le serait celle des glaces éternelles du pôle. L'activité — même uniquement sportive des jeunes Français — a pour s'exercer des débouchés plus dignes.

Cependant la prudence et la clairvoyance de M. Hanotaux ne sont pas prises en défaut, et les racontars des voyageurs ne laissent pas que de susciter dans son esprit une réelle inquiétude.

« Dans l'espèce d'ignorance à demi éveillée où nous sommes encore au sujet des questions africaines, écrit l'ancien ministre des Affaires étrangères, il est aussi difficile de se taire sur elles que d'en parler avec compétence. Les spécialistes, gens exacts et minutieux, se sont à peine mis en route ; ils viennent seulement de lacer leurs souliers que déjà les hommes d'imagination et les hommes d'action les ont dépassés. La science de l'Afrique n'est pas faite. Il faudra des années, je ne dis pas seulement pour l'achever, mais même pour en déterminer les principes et en jeter les bases[1].

« Je supplie le Gouvernement et les Chambres de prendre tout le temps de la réflexion, avant de décider de quel pied ils partiront et surtout de ne laisser que le moins possible au hasard.

« Je les prie instamment de constituer avant tout une Commission composée de personnes choisies, d'une compétence et d'une honorabilité indiscutables, et qui serait chargée de présenter un rapport complet sur la ligne de conduite à tenir pour la mise en valeur de ce vaste domaine[2]. »

Admirables paroles! Elles sont tout le programme rationnel, méthodique, celui dont l'application aurait dû être constante et générale.

Se hâter de marcher « sur des notions insuffisantes, avec le risque des généralisations hasardeuses, des affirmations trop promptes, des solutions trop vastes, mal étreintes[3] », c'est courir à l'aveuglette, avec une légèreté coupable, au-devant des plus graves mécomptes...

1. *Fachoda*, p. 3.
2. *Id.*, p. 186.
3. *Id.*, p. 3 et 4.

Oui, M. Hanotaux, s'il existe des doutes au sujet de la capacité productive de telle ou telle de nos possessions, s'il existe un camp de coloniaux pessimistes et un camp de coloniaux optimistes, il faut dissiper les uns et départager les autres.

Une commission composée de praticiens exercés, recrutée parmi les gens de bon sens qu'il faut opposer et préférer aux pédants qui connaissent tout sans jamais avoir rien vu et qui ont la sotte prétention de régir l'univers avec leur plume, une commission choisie parmi les agriculteurs, les médecins, les chimistes, les botanistes, les industriels et les commerçants spécialisés dans les questions coloniales, peut faire œuvre utile, quoique tardive, en fixant une fois pour toutes, par des observations décisives et par des expériences précises, la valeur réelle de la colonie étudiée, et en formulant des conclusions motivées sur lesquelles s'appuierait une nouvelle politique coloniale.

Lorsque les Anglais ont jeté leur dévolu sur un territoire, ai-je lu dans un livre, ils en font pratiquer le sondage par des personnalités compétentes. D'après les résultats de l'enquête seulement, ils décident de l'opportunité de l'expédition.

Nous, Français, nous commençons au contraire, par l'occupation, par un achat en règle en hommes et en argent. Et plusieurs années après la conquête, quand le pays est complètement pacifié, nous nous avisons de rechercher quels profits on pourrait bien tirer de la nouvelle possession... Mais si l'on a commis une bévue...

LE DESERT S'ÉTENDRA-T-IL AU SOUDAN?

Le Sahara d'autrefois. — Le Sahara d'aujourd'hui.
Avenir inquiétant du Soudan.

Aux rusés de la politique et de la finance dont les calculs égoïstes se bornent à considérer les colonies comme prétextes à « entreprises lucratives », comme moyens de « réalisations certaines », susceptibles de créer une atmosphère de joie et d'opulence autour de leur existence éphémère, aux économistes à courte vue, la question posée en tête de ce chapitre paraîtra saugrenue.

Mais un peuple dont la destinée n'est pas de disparaître dans quelques jours, dans quelques mois ou dans quelques années, a le droit et le devoir d'envisager l'avenir, même lointain.

Le Soudan sera-t-il absorbé par le désert? et par désert j'entends non pas l'Eden-désert de M. P. Leroy-Beaulieu, mais le désert aride, privé d'eau et de végétation.

La consultation de deux savants : E. F. Gautier et R. Chudeau, nous donnera à ce propos de précieux renseignements.

Et d'abord le Sahara a-t-il subi des modifications?

« Au sud du Sahara, écrit Chudeau, nous avons des preuves que, dans la région de Tombouctou, la mer existait encore à une époque récente, pendant le Quaternaire; un lac, qui lui a succédé, a dû subsister assez longtemps dans la région de Taoudenni[1]. »

A cette époque, ou un peu plus tard, des rivières et des fleuves, tels que l'O. Saoura et l'Igharghar, arrosaient le Sahara central. L'Oued Messaoud faisant suite à l'Oued Saoura, se serait même continué jusqu'à Taoudéni[2].

L'Oued Tlilia aurait été un affluent de l'Oued Messaoud[3]. Des reptiles et des batraciens découverts en des points isolés comme l'Ahaggar ou El Goléah, témoignent de relations anciennes entre ces points et d'autres bassins fluviaux[4].

Pendant le Quaternaire, les pluies étaient fréquentes.

1. R. Chudeau : *op. cit.*, p. 254.

2. E. F. Gautier, chargé de cours à l'Ecole supérieure des lettres d'Alger : *Sahara algérien*, p. 24. Librairie A. Colin, 1908.

3. *Ibid.*, p. 27.

4. Chudeau : *op. cit.*, p. 197.

« Il ne semble plus possible de douter qu'au début de cette époque, le Sahara ait été un pays relativement humide, trop humide certainement pour que les plantes qui l'occupent actuellement aient pu y vivre : la concurrence vitale les aurait eu vite éliminées[1]. »

Le Sahara irrigué par des cours d'eau, arrosé par des pluies, était cultivable et habitable.

« Pendant toute la durée de l'époque néolithique, les cuvettes alluvionnaires du Sahara, les plus désolées aujourd'hui, ont été peuplées et susceptibles de culture à quelque degré[2]. »

A vrai dire, on ne connaît pas grand'chose des cultures. Mais les populations ont laissé des vestiges de leur passage.

« Qu'il y ait eu à une époque récente, celle peut-être de la conquête romaine, un Sahara encore néolithique et peuplé, tout autrement que le nôtre, de nègres agriculteurs qui s'étendaient jusqu'aux confins de l'Algérie, c'est une hypothèse commode groupant en un faisceau tous les faits observés[3]. »

« Dans le Touat, les Barmata ne sont nullement des personnages de la légende, et leur temps correspond à peu près aux XIIe, XIIIe et XIVe siècles[4]. »

1. Chudeau : *op. cit.*, p. 159.
2. Gautier : *op. cit.*, p. 136.
3. *Ibid.*, p. 138.
4. *Ibid.*, p. 36.

Dans certains endroits, de nombreuses ruines en pierres sèches sont l'indice de constructions différentes des bâtisses en pisé des villages modernes.

De profondes modifications se sont opérées. L'O. Saoura et l'Igharghar, par exemple, fleuves

« Bien vivants naguère ont succombé l'un et l'autre contre l'ensablement; ils sont morts sur place [1]. »

A chaque pas, dans le régime hydrographique du Taffassasset, on trouve des traces de changements [2].

Le célèbre explorateur autrichien Oskar Lenz a présenté sur le Sahara des considérations du plus haut intérêt.

« On doit d'abord faire ressortir ce fait, écrit cet auteur, que le désert est parcouru de nombreux lits de rivières, dont la plus grande partie sont aujourd'hui desséchées... L'origine de ces nombreux cours d'eau, souvent larges et profonds, doit être ancienne et remonte peut-être à une époque contemporaine des temps diluviens; mais leur dessèchement complet et leur ensablement paraissent dater à peine de quelques milliers d'années. Les oueds mêmes prennent surtout leur source dans les pays de montagnes et de hauts plateaux du Sahara central d'où les eaux

1. Chudeau : *op. cit.*, p. 220.
2. *Ibid.*, p. 221.

s'écoulaient au nord et au nord-est vers la Méditerranée, au sud dans le Niger (et le lac Tchad), et à l'ouest vers l'océan Atlantique; sur la rive gauche du Nil, on voit également des oueds desséchés : ce puissant fleuve qui se distingue par le petit nombre de ses affluents, devait autrefois en avoir du côté des déserts libyens. »

L'existence des oueds du Sahara est

« Certaine; si l'on admet que les divers lits de rivières, larges et profonds, que j'ai traversés en coupant le désert occidental du nord au sud, aient été pleins d'eau autrefois, comme il est probable, le Sahara occidental devait être alors une région riche en végétation et en animaux, soumise à des pluies régulières et habitée par une population s'occupant d'agriculture et d'élevage.

« Ce qui s'applique au Sahara occidental est également vrai pour le reste de ces solitudes immenses, dont la composition est toujours la même et dont les parties ne diffèrent qu'au point de vue de leur étendue... Les anciens auteurs nous font connaître que le nord de l'Afrique était jadis habité par de grands mammifères qui depuis longtemps n'y ont plus trouvé de conditions normales d'existence. Les Carthaginois employaient les éléphants d'Afrique à la guerre...

« L'hippopotame et le crocodile sont cités comme habitant alors les rivières qui se jettent dans la Méditerranée, ainsi que l'oued Draa; aujourd'hui, ce dernier grand fleuve ne roule plus d'eau que dans son cours supérieur, tandis que ses parties moyenne et inférieure forment de larges plaines argilo-sablonneuses où l'on cultive des champs d'orge; ce n'est que dans les années particulièrement pluvieuses qu'un faible courant d'eau atteint l'océan Atlantique.

« Nous savons par de Bary... mort malheureusement trop tôt, qu'aujourd'hui encore, au milieu du Sahara, il existe des étangs qui sont peut-être les restes d'anciens fleuves et contiennent des crocodiles. Tout cela indique naturellement que les oueds aujourd'hui ensablés étaient jadis remplis d'eau.

« Le chameau maintenant indispensable pour la traversée du Sahara n'existait pas encore dans le nord de l'Afrique au début de l'ère chrétienne; il y a été introduit d'Asie par l'Égypte. Il paraît même être arrivé tard seulement dans cette contrée, car il n'est représenté nulle part sur les monuments égyptiens; et l'on n'aurait certainement pas laissé de côté un animal si caractéristique, alors que tous les autres genres d'animaux ont servi de modèles. Et pourtant les anciens écrivains racontent que de tout temps des relations se sont établies entre les habitants du nord de l'Afrique et ceux du sud : les Garamantes entreprenaient avec leurs chevaux des voyages et des expéditions vers le midi.

« Il est vrai qu'on mentionne déjà à cette époque des régions pauvres en eau... Des ruines nombreuses et étendues situées dans le sud de l'Algérie de nos jours complètement transformé en désert, prouvent que jadis il y a eu là une végétation florissante... »

Les « pétroglyphes » rencontrées dans certains endroits du nord et du sud de l'Afrique,

« Sont précieuses en ce qu'elles montrent des figures d'animaux qui ne vivent pas et ne peuvent plus vivre dans ces pays : l'éléphant, le crocodile, la girafe.

« On peut les ranger parmi les témoignages attestant les modifications de la structure physique des contrées en question ; les habitants d'autrefois connaissaient donc des animaux qui ne trouvent plus ici les conditions nécessaires à leur existence.

« Enfin des outils de l'âge de la pierre ont été rencontrés très loin dans le désert. Les gens qui s'en sont servis auront vécu dans les pays fertiles et boisés qui constituaient certainement jadis le Sahara[1]. »

Le changement serait non seulement profond et récent, mais encore rapide :

« Dans tout le Sahara algérien, ce qui reste de vie, a souvent des relations évidentes avec le vieux réseau ; et les parties mêmes de ce réseau qui sont aujourd'hui tout à fait mortes, ne le sont pas depuis l'époque quaternaire ; nous sommes aux oasis depuis quelques années à peine et dans ce court laps de temps, on a déjà recueilli des faits incontestables qui attestent la continuation sous nos yeux de la déchéance [2]. »

Le régime des vents et le régime des pluies se

1. Dr Oscar Lenz : *Tombouctou; voyage au Maroc, au Sahara et au Soudan*, traduit de l'allemand par Pierre Lehautcourt, tome II, p. 388 à 393. Lib. Hachette et Cie, 1887.

2. Gautier : *op. cit.*, p. 32.

sont nécessairement ressentis des modifications hydrographiques.

Le sol s'est desséché. La végétation a disparu.

Les progrès de la sécheresse auraient été effrayants :

« Au Touat et chez les Tadjakant, on conserve le souvenir d'une époque où des ânes de Sali chargés de dattes ravitaillaient Taoudéni. Ceci se passait, nous dit-on, au temps des Barmata[1]. »

Actuellement, la sécheresse, le vent, le sable et le soleil sont les principaux acteurs qui occupent la scène du Sahara.

Les pluies sont rares.

« Elles sont trop rares pour alimenter un point d'eau sérieux; sur un point déterminé, il peut s'écouler dix ans d'un orage à l'autre[2], ou même vingt ans[3]. »

Le vent joue un rôle essentiel. Non seulement il ajoute son action desséchante à celle du soleil,

1. Gautier : *op. cit.*, p. 36.
2. *Ibid.*, p. 44.
3. Chudeau : *op. cit.*, p. 288.

mais encore et surtout, avec le sable, et avec « tous les matériaux meubles que la sécheresse lui a livrés », il forme les dunes, et comble les cuvettes naturelles des anciens cours d'eau.

Il « excelle aussi à dépouiller toutes les hauteurs de la terre végétale, laissant partout la roche à nue[1] ».

Le sable constitue un danger, même pour les bassins vivants.

> « Dans un pays en voie de desséchement désertique, les fleuves ont dans les sables de leurs lits et de leurs cuvettes les germes d'une maladie progressivement et rapidement mortelle. Du moins a-t-on essayé de le démontrer[2]. »

Cette maladie est plus grave dans les bassins fermés, car elle contribue à diminuer la pente d'écoulement des eaux, et à élever le niveau de base jusqu'à complet asséchement.

Quant aux plantes, « la rareté des pluies, la haute température de l'été, les froids de l'hiver, la fréquence des vents desséchants[3] », l'ensablement ou la dénudation du sol sont autant de causes qui s'opposent à leur développement.

1. Chudeau : *op. cit.*, p. 289.
2. Gautier : *op. cit.*, p. 58.
3. Chudeau : *op. cit.*, p. 154.

L'absence de toute végétation « est la règle » au Sahara[1].

Les caravanes sont obligées de parcourir des centaines de kilomètres pour trouver des points d'eau. Encore l'eau de ces sources n'est-elle pas toujours potable[2].

Que deviennent alors les dithyrambes débités sur cette portion du globe?

Ils sont aussi éloignés de la réalité et moins

1. CHUDEAU : *op. cit.*, p. 155.

2. Voici à titre de curiosité l'analyse très complète, exécutée par M. HÉBERT, d'une eau provenant d'un puits creusé à 49 mètres de profondeur, sur la route d'Arouan, à 75 kilomètres d'El-Adjou, dans la couche sablonneuse qui constitue le terrain de la région de Tombouctou :

a) *Caractères organoleptiques et physiques* :

Eau claire, limpide, neutre, à odeur sulfhydrique, à saveur légèrement salée et amère.

b) *Caractères chimiques* :

Extrait sec	2 gr. 130	(par litre)
Hydrogène sulfuré.	0 gr. 051,96	—
Chlore	0 gr. 580	—
Acide sulfurique.	0 gr. 458	—
Matière organique	traces.	—
Ammoniaque	traces.	—
Nitrates et nitrites.	traces.	—
Phosphates	traces.	—
Fer.	néant.	—

Hydrotimétrie :

Degré hydrotimétrique total . . .	29°
— après oxalate	10°
— après ébullition	21°
— après ébullition et oxalate .	10°

plaisants que les discours de l'ânesse de Balaam ou que l'existence de Jonas, pendant trois jours, dans le ventre de la baleine!

Les mêmes causes qui ont modifié l'ancien Sahara et façonné le Sahara actuel transformeront-elles le Soudan?

Je ne veux ni préjuger, ni prophétiser en la matière. Mais, *a priori*, il n'est pas illogique de supposer que la sécheresse poursuit son œuvre de destruction. La progression de la déchéance imperceptible à des yeux de touriste ne peut apparaître clairement qu'après de longues périodes d'observation.

Les chapelets de mares du Soudan ne sont-ils pas un signe de dessiccation d'anciennes rivières ayant coulé des flots réguliers?

Suite de la note de la page précédente.

d'où on tire :

Acide carbonique	traces.	
Carbonate de chaux	082^{mmgr}	(par litre)
Sulfate de chaux.	154^{mmgr}	—
Chlorure de magnésium	090^{mmgr}	—

Nota. — Cette analyse a été faite plus d'un an après la mise en bouteille de l'échantillon à essayer. Il est infiniment probable que l'hydrogène sulfuré provient de la réduction des sulfates par fermentation et qu'il ne se trouve pas à l'état naturel dans l'eau fraîche du puits.

Le Niger lui-même, situé sur la frontière du Désert, ne se desséchera-t-il pas comme se sont desséchés l'oued Saoura et les autres cours d'eau du Quaternaire?

Après Tombouctou, en allant vers l'embouchure, le lit du grand fleuve africain est, je crois, très superficiel. Les alluvions entraînées par lui, le sable apporté par le vent, opéreront-ils un jour un barrage complet à cet endroit, avec la complicité de crues régulièrement insuffisantes?

Je ne me complais pas dans le pessimisme, je raisonne...

Voici du reste les conclusions d'une intéressante étude sur le *Régime hydrographique du Soudan*, par le capitaine Meynier[1] :

« Le Sahara doit logiquement continuer à gagner sur les terres fertiles, par suite de la disparition progressive des eaux courantes et de leur tendance à se reporter sans cesse plus au sud. Cette transformation sera-t-elle rapide ou caractérisée au contraire par la lenteur grandiose des modifications géologiques? J'incline à penser, et ma conviction repose sur ce que rapportent des traditions récentes, qu'elle sera relativement rapide. Les transformations du régime hydrographique, comme celles du climat qui en résultent, apparaissent pour ainsi dire incessantes et visibles à l'œil nu. Il n'est même pas besoin de

1. Capitaine Meynier : *Revue coloniale*, n° 26, mai 1905.

sortir des temps modernes pour trouver, dans l'histoire de notre Soudan, par exemple, des modifications notables dans le climat, dans le régime des eaux. C'est un fait connu de tous les Africains que les noirs accusent une diminution notable de la hauteur des crues annuelles du Niger. Les traditions soudaniennes assignent d'ailleurs aux terres habitables, arrosées par les eaux venues du Sud, ainsi que par les pluies régulières, une limite septentrionale beaucoup plus élevée que celle que nous observons aujourd'hui. C'est ainsi que le grand empire sonrhaï semble avoir compris quelques-unes de ces provinces, et non les moins riches, entre le Niger et Agadès, région aujourd'hui déserte, et que l'antique et prospère capitale des Touareg, Es-Souck, se trouve aujourd'hui dans un désert inhabitable et sans eau... Je ne doute pas qu'une recherche tant soit peu approfondie dans les annales écrites ou transmises oralement des royaumes de Kano, de Sokoto et de Zinder amènerait de même à reporter bien au nord de ce qu'elle est actuellement la limite des terres habitables de ces empires, il y a à peine quelques siècles. De même il serait facile à établir que le Kanem et la vallée du Bahr-el-Ghazal, que tous les travaux récents signalent comme un affluent, ont constitué dans des temps relativement récents des pays arrosés et fertiles. »

Des causes d'ordre économique et social viennent ajouter leurs effets désastreux à ceux des causes présumées d'origine météorologique et géologique.

Ces nouvelles causes d'ordre économique et social, quelles sont-elles?

Le Soudan nourrit dans ses immensités de nombreux troupeaux. Ces troupeaux trouvent leur subsistance en saison humide. Mais, en saison sèche, ils sont obligés non seulement de consommer les herbes grillées par le soleil, mais aussi de s'attaquer aux jeunes pousses des plantes et aux branchages feuillus des arbres et arbustes.

Les Touareg et les Maures vivaient surtout autrefois de rapines et de pillages. Aujourd'hui, ces procédés de ravitaillement leur étant interdits, ils doivent avoir uniquement recours aux procédés de culture et d'élevage. Et, comme ces populations sont nomades, c'est l'élevage des animaux qu'elles adopteront.

On prévoit ce qui va se passer : la végétation fera les frais de l'élevage.

Le capitaine Lenfant cite un exemple typique :

« Le Daga, qui paît les troupeaux touareg, abat, pour en nourrir ses chèvres, les hautes branches vertes des mimosas épineux, il détruit ce qui reste de végétation, les derniers arbres sur lesquels on puisse compter pour attirer et fixer les tornades. Il en résulte que, chaque jour, la sécheresse et l'aridité gagnent du terrain vers le sud, et que les villages qui se trouvaient, il y a vingt ans, à proximité de mares et de puits, vont chercher l'eau à deux ou trois heures de marche. L'indigène finit par les abandonner[1]. »

A mesure que la population s'accroîtra, que les constructions se multiplieront, que les usines s'installeront et que les chemins de fer fonctionneront, les bois diminueront dans des proportions inquiétantes. Le charbon revenant à un prix exorbitant, le bois sert de combustible aux locomotives.

Déjà le chemin de fer de Kayes au Niger va faire sa provision à 25 ou 30 kilomètres de Kayes.

Aux causes de destruction précédemment énumérées, il convient d'ajouter les feux de brousse, les ravages incessants des sauterelles et l'action dévastatrice des termites, qui dévorent jusqu'au tronc des arbres verts.

La végétation étant menacée, le régime des pluies et des eaux sera influencé et le degré d'inhabitabilité du Soudan augmentera.

1. Capitaine LENFANT : *op. cit.*, p. 209.

AVENIR ÉCONOMIQUE DU SOUDAN ACTUEL

Sécheresse pendant sept mois de l'année, soleil accablant en toute saison, stérilité du sol inhérente à la constitution chimique et physique de celui-ci, population clairsemée et indolente, morbidité et mortalité considérables des indigènes et des Européens, richesses naturelles du sol à peu près nulles, telles sont les caractéristiques de cette « dépendance économique de la France » qu'on appelle le Soudan.

Le pronostic qui découle de l'observation de ces phénomènes incontestables, de ces faits indiscutables, aura certainement pour première conséquence de contrarier certains enthousiasmes immodérés autant qu'irréfléchis.

Et cependant, les avertissements n'ont pas manqué.

On a dit que les territoires annexés au delà du désert n'étaient pas des colonies proprement dites, et qu'elles ne sauraient être qu'une cause de dépenses pour le budget national[1].

On a laissé entrevoir que l'occupation de ce pays pour ses richesses serait une entreprise périlleuse, susceptible d'entraîner des sacrifices que ne compenserait vraisemblablement pas le résultat à obtenir[2].

On a fait ressortir le danger de la noble maxime de la plupart des chefs d'expéditions militaires : « En avant quand même, toujours en avant », car, avec cette formule, une première erreur commise en entraîne d'autres. C'est elle qui occasionna, par exemple, la mort du colonel Bonnier et le massacre de son escorte (64 soldats indigènes, plus les porteurs et âniers) près de Tombouctou[3].

Franklin, parlant d'une façon générale des colonies, ne dit-il pas un jour : « Si la France et l'Angleterre jouaient leurs colonies sur un coup de dés, le gain serait pour le perdant? »

Mais toutes ces considérations rétrospectives ne servent maintenant à rien. Nous nous trouvons en face d'un fait accompli.

Que convient-il de faire?

Pour si onéreuse qu'ait été l'acquisition de ce

1. Elisée Reclus : *L'Homme et la Terre*, tome V, p. 271.
2. Jaime : *op. cit.*, p. 404.
3. Guillaumet : *op. cit.*, p. 108.

pays, le prix en est payé, et il serait insensé d'en proposer l'abandon. Oh! non pas que nous espérions refondre le Soudan, ou le transformer par je ne sais quel tour de main en l'investissant des qualités que la nature lui a refusées! Modifier le climat par « une meilleure organisation des forces naturelles », percer les « forêts profondes » pour permettre à des régions immenses de revoir « la divine lumière », dessécher les marais, faciliter les écoulements, vaincre la fièvre et la maladie du sommeil, capter l'eau, la répandre « là où le caprice des saisons la distribue mal », aspirer du sous-sol celle qui y repose et l'amener à la surface, apporter une sorte de fécondité et de richesse dans le désert par des plantations appropriées, exploiter les mines d'or et de diamants, etc. Tout cela assurément est un beau programme[1], mais combien chimérique, combien irréalisable!

Dans quelle branche de l'activité humaine résidera l'avenir économique du Soudan actuel?

Dans le commerce?... Le commerce est condamné à s'exercer dans des limites étroites. Les indigènes ont peu de besoins, nous l'avons dit; les Européens sont en nombre insignifiant, et la plupart d'entre eux prennent en France une

1. Gabriel Hanotaux : *Fachoda*, p. 168.

bonne partie des approvisionnements nécessaires.

Les produits de la cueillette, comme ceux de la chasse, sont de faible importance[1]. Leur récolte présente, en outre, l'inconvénient de détourner beaucoup d'indigènes des cultures vivrières seules susceptibles de permettre à la population de vivre dans une aisance relative et de s'accroître facilement.

Sera-ce dans l'agriculture?...

« Une chose à nos yeux doit caractériser le Soudan : ce n'est point un de ces pays où, sans effort, on trouve des richesses spontanées ; les hommes qui voudront mettre en valeur les terres créées par le beau fleuve de l'Afrique occidentale, auront à faire face à un labeur de tous les instants, à triompher de bien des souffrances. Ce n'est point au commerce désolateur qu'ils devront s'adresser, c'est au travail par excellence qu'ils auront à vouer leur vie, à celui qui féconde la terre[2]. »

Mais la saison propice aux cultures dure quatre ou cinq mois à peine; le travail est impossible aux Européens et peu en honneur parmi les indigènes.

1. Pour la colonie du Sénégal, l'exportation du caoutchouc, d'une valeur de 6.637.112 francs en 1907, passe à 3.665.547 francs en 1908 (*Bulletin de l'Office colonial*, octobre 1909, p. 688).

2. Emile Baillaud : *op. cit.*, p. 335 et 336.

Autrefois, les captifs effectuaient les travaux des champs. Aujourd'hui, les sujets devenus libres se sont voués à l'inertie, bien plus qu'à l'activité. La question de la main-d'œuvre préoccupe à juste titre les économistes. Après l'avoir bien étudiée et après avoir défini les conditions sociales de la captivité, plus douce qu'on ne se l'imagine au premier abord, Baillaud n'hésite pas à dire :

« Quelque inhumain que cela paraisse, on doit laisser pendant de longues années subsister la captivité entre les indigènes. »

Bien entendu, ne sont visés ici que les captifs de case et non pas ceux de traite.

Si l'on ne veut pas appliquer ce moyen,

« Il vaut autant renoncer immédiatement à retirer un profit quelconque des terres de l'Afrique tropicale [1]. »

Or, l'institution nouvelle d'une captivité, même adoucie, paraît irréalisable.

Et si seulement notre action provoque un accroissement de récolte parallèle à un accroissement probable de la population, nous aurons obtenu un fameux résultat.

1. E. Baillaud : *op. cit.*, p. 324 et 326.

Parmi les cultures passées en revue au chapitre des productions végétales une cependant, celle de l'arachide, tend à se développer, à cause de ses nombreux avantages.

Les arachides du Soudan sont donc susceptibles d'ajouter un fort contingent à l'exportation des arachides du Sénégal.

Ces graines servent, on le sait, à fabriquer des huiles comestibles concurrençant les huiles d'olives. Or, n'est-ce pas d'un principe fondamental, auquel souscriront tous les agriculteurs français et la majorité des industriels et commerçants, que les productions du sol national ne doivent pas être concurrencées à leur détriment, par des productions similaires de sols étrangers?

Le cacao, le café, la kola, la vanille, les épices, la canne à sucre, le riz, les matières textiles, les bois de luxe, le caoutchouc sont des articles d'une valeur vraiment indiscutable. Or, le Soudan ignore les cultures « riches », car le riz du Niger lui-même ne sera jamais que l'objet d'un petit trafic local.

La richesse consiste à jouir de beaucoup d'avantages. Le cultivateur français sera riche s'il vend à un bon prix ses récoltes et s'il achète des produits qui lui manquent et dont le besoin se fait sentir.

Je deviens riche par la vente de mon maïs, de mon huile d'olive, de mes bœufs et par l'achat de café, de cacao, de riz pour mon alimentation ou de caoutchouc pour les roues de mon « auto », et je suis pauvre si le maïs du Dahomey, les huiles comestibles du Sénégal et du Soudan, les bœufs du Cayor ou du Macina concurrencent les produits de ma terre et de mon étable de façon à avilir mes marchandises et à me rendre impossible l'acquisition des denrées ou objets que la nature a placés à l'autre bout du monde.

Un brave paysan de Provence me contait dernièrement : « Il y a quelques dizaines d'années, je possédais une belle plantation d'oliviers, et avec le seul produit de la vente de mes olives nous vivions, ma famille et moi, dans une douce aisance. Sont venues les graines d'arachides, de sésame et de coton. Mes oliviers ont continué à fleurir, mais leurs fruits ont subi sur les marchés une forte dépréciation. A l'aisance de jadis a succédé la misère... Mon fils, ajouta mon interlocuteur, mon unique fils, enflammé par la lecture de certaines aventures coloniales, un beau matin me quitta. Moins d'une année après son départ, il mourait au Soudan...

« Ah ! les pernicieux pays d'outre-mer !... Si la France n'avait pas eu de colonies, mon enfant serait aujourd'hui près de moi et l'importation de produits exotiques n'aurait pas tué mon industrie.

« Je lisais naguère dans un journal qu'avec tout l'argent consacré à ses possessions lointaines, la France aurait pu constituer, depuis longtemps déjà, de belles retraites ouvrières à tous les travailleurs. Les champs seraient mieux cultivés, le commerce serait plus florissant et tout le monde vivrait dans la joie.

« Notre pays n'est pas tellement peuplé pour qu'il ne puisse absorber l'activité de tous ses habitants. En fin de compte, n'aurions-nous pas eu plus d'avantages à étendre sur place nos cultures et nos industries et à entrer en relations d'affaires, comme font les Allemands, avec les nations populeuses et riches des diverses parties du monde, qu'à acheter fort cher des terres africaines sur lesquelles s'anémie et s'étiole notre race et dont les autochtones, consommateurs à peu près nuls des produits de nos industries nationales, sont exhortés à se livrer à des cultures préjudiciables à quelques-unes des nôtres? »

Mon paysan, en prononçant ces paroles, n'avait pas du tout l'air de divaguer.

Mais je ne reprends pas pour mon compte ses réflexions sur la politique générale coloniale et je reviens... à la question des huiles.

Il ne saurait entrer dans mes intentions de blâmer les commerçants qui recueillent les arachides, ni les industriels qui utilisent cette matière. Les intérêts des uns et des autres sont des plus respectables. Cependant je ne me tromperai pas en disant que les huiles d'arachide destinées à l'alimentation ont contribué pour une large part à diminuer la richesse dans trois départements essentiellement oléicoles : les Bouches-du-Rhône, le Var, les Alpes-Maritimes, et à arrêter aussi l'essor des nombreux oliviers d'Algérie et de Tunisie[1].

1. « La concurrence étrangère, écrivent MM. Louis Belle et Louis Fondard, professeurs départementaux d'agriculture, est venue porter un coup terrible au commerce de l'huile d'olive par l'introduction sur le marché de quantités énormes d'huiles exotiques de bouche. » (*L'Oléiculture Mondiale.* Premier Congrès international d'Oléiculture organisé à Toulon du 17 au 20 décembre 1908 par le Syndicat national de défense de l'Oléiculture française, p. 30.)

Le commerce niçois, écrit de son côté M. Edouard Béri, président de la Chambre de commerce de Nice, était plus important en 1844 qu'en 1896-1897. « Il ne faut pas chercher d'autre explication à cette diminution que dans la concurrence faite aux huiles d'olive par les huiles de graine et plus encore par la fraude des huiles d'olive. » (*L'Oléiculture Mondiale*). *Ibid.*, p. 131.

M. D. Scavino, directeur de l'Union des Propriétaires de Nice, m'indique très aimablement dans une lettre que « les arachides du Sénégal et celles d'Egypte lèsent considérablement les intérêts des planteurs d'oliviers en général. Cependant, la consommation des huiles comes-

Si la production de l'olivier, au lieu d'avoir été contrariée, avait été favorisée par un écoulement assuré et par des prix de vente rémunérateurs, la culture de cet arbre aurait pu se généraliser dans les départements du Gard, de l'Hérault, des Pyrénées-Orientales et des Basses-Alpes. Source de revenus, l'olivier aurait peut-être soustrait les populations viticoles du midi de la France aux fâcheuses surprises de la monoculture.

J'ai signalé l'antagonisme de deux denrées :

tibles prenant une place de plus en plus grande dans le monde entier, cette concurrence serait moins désastreuse par rapport à la production de l'huile d'olive pure si, comme nous ne cessons de le demander depuis de longues années, les huiles de graine, en général, ou les mélanges des huiles d'olive et des huiles de graine étaient vendus sous leur véritable nom, de façon à éclairer l'acheteur au lieu de jeter la confusion dans son esprit au moyen de dénominations ambiguës adoptées pour l'empêcher de reconnaître le produit pur du produit mélangé.

« A ce dernier point de vue, l'huile de coton nous fait une concurrence peut-être encore plus redoutable que l'huile d'arachide parce qu'elle coûte meilleur marché... En résumé, les planteurs d'oliviers sont très lésés par la concurrence de ces deux huiles dont la production est colossale et le prix de revient insignifiant comparé à celui de l'huile d'olive. »

Enfin, M. Latière, l'actif et distingué secrétaire général du Syndicat national de défense de l'Oléiculture française, a bien voulu m'exprimer quelques opinions sur l'influence des huiles exotiques sur le marché des huiles d'olive.

« L'huile de graine, dit-il, qu'elle soit d'arachide, de

l'une métropolitaine, l'autre coloniale. Il appartient à d'autres que moi de résoudre les difficultés qui en résultent.

Faut-il envisager l'industrie?... Assurément tout est à créer dans cette voie. Parmi les industries possibles, je citerai des moulins à moudre le mil et le maïs, des huileries et savonneries utilisant les arachides et le karité, la fabrication de l'alcool industriel et du « dolo », utilisant le mil, le tannage des peaux, le tissage de la laine et du coton, la teinturerie avec les plantes tinctoriales de l'endroit ou avec des couleurs chimiques.

Je ne parlerai pas des petites installations mécaniques, bonnes pour Européens (fabrication

sésame ou de coton, est bien le véritable et le plus redoutable ennemi de l'huile d'olive... Cette huile a trouvé sur sa route un certain commerce qui a immédiatement vu en elle une source presque inépuisable de profits par sa substitution dans la plus large mesure possible à l'huile d'olive.

Au moyen de la fraude et de la falsification des huiles d'olive par les huiles de graine, des « cultivateurs nouveau genre » ont cueilli « une ample moisson de pièces d'or qui leur a permis d'édifier des châteaux et de transformer leur très modeste ville en une riante et riche cité ».

Les oléiculteurs ne demandent pas la prohibition des huiles de graine, mais ils entendent lutter énergiquement « contre les négociants qui emploient les huiles de graine pour frauder les huiles d'olives, en essayant par des noms fantaisistes donnés aux mélanges de tromper le consommateur sur la nature et la valeur de leurs produits ».

de la glace, usines électriques), qui occupent un nombre restreint d'ouvriers et ne fonctionnent que dans un ou deux petits centres.

Pour les entreprises industrielles, la main-d'œuvre serait plus abondante que pour les cultures, et je ne crois pas préjuger en disant que des installations mécaniques faites le plus pratiquement possible à Kayes, par exemple, pour éviter des frais de transport onéreux et des transbordements délicats, feraient de la bonne besogne.

L'actif agent de l'Association cotonnière vient de monter une petite usine d'égrainage et de compressage du coton sur les bords du fleuve à Kayes, et tout porte à croire qu'elle fonctionnera bien. C'est une initiative à examiner dans ses résultats. Mais en supposant que l'industrie mécanique réussisse, une demi-douzaine de ses applications ne sauraient créer au Soudan une vie économique intense.

Y a-t-il enfin une véritable voie de l'avenir? Et quelle est-elle?

A un interviewer qui exprimait des craintes, nullement injustifiées, sur la valeur de nos colonies africaines, Faidherbe répondit : L'Afrique produit des hommes.

« Cantu a calculé qu'il a été exporté 15.000.000 de

nègres dans le cours d'un siècle et qu'il a dû en périr autant durant le trajet. Il omet ceux qui ont été tués en se défendant contre les chasseurs d'hommes, ce qui doublerait encore ce nombre de 30.000.000. La responsabilité des blancs est lourde[1]. »

Soixante millions de nègres exportés d'Afrique ou sacrifiés à l'esclavage dans le cours d'un siècle, ça paraît excessif à qui connaît les difficultés naturelles de l'expansion des races aborigènes sur ce continent! Réduisons, si vous voulez, ce total de moitié.

Eh bien! même le chiffre de 30.000.000 permet de concevoir de belles espérances de repopulation dans une ère d'apaisement, de tranquillité et de libre développement.

Actuellement, la densité de la population est infime par rapport à l'étendue du territoire; néanmoins, on peut compter dans l'A. O. F. une dizaine de millions de sujets dont la moitié rentre dans le Soudan.

La production humaine, telle est la ressource de l'avenir.

La civilisation sous la bannière de laquelle se sont abrités tant de sentiments égoïstes, tant de combinaisons intéressées, devient un acte inéluctable, réel. La France ne colonisera pas au

1. G. Deherme : *op. cit.*, p. 346.

Soudan, elle y civilisera. Certes, ainsi que me l'écrit le directeur d'une grande revue de Paris, « le fait de civiliser ne doit pas suffire à l'activité française. Il lui faut un stimulant plus positif ». Mais on fait ce qu'on peut.

Un grand geste a été accompli, bien que jetant une grande perturbation dans la société noire : la suppression du bétail humain.

Aujourd'hui, les colonisateurs ou mieux les civilisateurs prennent contact avec leurs protégés. A l'être : *non tam villis quam nullus*, défini ainsi dans l'antiquité, succède l'être primitif au cerveau creux, mais au cœur plein de deux qualités essentielles : la crainte et la douceur.

La crainte se traduit par la soumission et « la soumission est la base du perfectionnement ». (A. Comte.)

La douceur confine à l'affection... Les Européens ayant séjourné au Soudan ont pu voir que le respect et l'attachement des indigènes à leur égard n'étaient pas l'exception. Quel est celui d'entre nous qui dans la brousse ou en voyage n'a pas eu son homme de confiance — chapardeur de pacotilles et de petits sous, c'est vrai — mais restant malgré tout docile et bon garçon?

L'autorité du blanc est reconnue et acceptée et la preuve c'est qu'une poignée d'Européens, fait la loi avec une sécurité presque absolue, dans une contrée quatre fois grande comme la France.

Devons-nous uniquement à nos vertus un pareil ascendant?... Sans faire de médisance, je rappellerai simplement que des injustices, des vexations et des atrocités ont été commises par des blancs sur des noirs sans défense, sans autre excuse que l'ivresse, la lâcheté ou la brutalité.

Notre influence devra s'exercer avec fermeté, bonté et bienveillance. Je n'exige pas que les enfants de l'humanité blanche donnent l'accolade à leurs frères de l'humanité noire, mais je souhaite que les fonctionnaires civils et militaires, que les commerçants, que les explorateurs s'inspirent des principes d'humanité et d'équité qu'ils ont coutume d'appliquer dans leur patrie d'origine. Et s'ils doivent se faire un jour justiciers, qu'ils le soient avec pondération.

Nos efforts devront surtout porter sur l'extension des cultures vivrières, sur l'accroissement de la natalité et la diminution de la mortalité.

L'homme de science et le médecin sont les vrais missionnaires de la civilisation.

Par la connaissance approfondie qu'il possède du cœur humain, le médecin inspire la confiance, et par les services qu'il rend en maintes occasions, il provoque la reconnaissance ou tout au moins la sympathie. Et à propos du rôle bienfaisant de celui-ci, émettons le vœu que des sacrifices, plus grands que ceux existants, soient consentis par l'administration de l'A. O. F. pour les œuvres d'assistance et d'hygiène.

Les fonds susceptibles de devenir disponibles par suite de la suppression de quelques sinécures, parfaitement inutiles, et de quelques dépenses de luxe, parfaitement superflues, ne trouveraient pas de meilleur emploi. Et quand les indigènes auront profité de quelques bienfaits, sans les goûter avec une intellectualité de plusieurs siècles de culture, qu'ils auront apprécié notre supériorité, ils s'approcheront de nous davantage. On pourra alors causer aisément impôt, sujet irritant s'il en fût et cause de vifs déplaisirs.

Afin d'enlever à la taxe de capitation son caractère vexatoire, on la présentera aux noirs comme une redevance de protection contre les anciens pillards et les anciens voleurs d'hommes, de femmes et d'enfants, comme une contribution nécessaire à l'entretien des administrateurs qui rendent la justice et gèrent leurs intérêts et des médecins qui les préservent des maladies.

Les millions ainsi recueillis suffiront largement à alimenter un rouage administratif épuré et simplifié et à indemniser la métropole des petites avances qu'elle pourrait consentir pour l'exécution de travaux urgents ou de réformes nécessaires.

J'entends une question : De vos protégés africains allez-vous faire des rhétoriciens, des métaphysiciens ou des électeurs?

Ils ne seront ni des politiciens, ni des philosophes, ni des bacheliers.

Certains recevront une instruction primaire; quelques-uns, assez nombreux, auront une instruction professionnelle; les autres seront paresseux irréductibles ou bien travailleurs agricoles, manœuvres, domestiques, ou *soldats*.

TROUPES NOIRES

L'étude publiée dans la *Revue de Paris* par le lieutenant-colonel Mangin sur les « Troupes noires » intéresse par son originalité et par la conscience qui a présidé à son élaboration [1].

Celle plus récente publiée par le capitaine XXX présente aussi des aperçus dignes de considération [2].

En se plaçant à un point de vue moins théorique que celui envisagé par ces deux officiers, je demande la permission de formuler quelques observations.

Les noirs se prêtent facilement à la discipline et sont naturellement courageux. Les tirailleurs sénégalais (la plupart recrutés au Soudan) ont à maintes reprises accompli de véritables prouesses. Voilà un fait acquis. Mais, il faut bien le dire,

1. Lieutenant-colonel Mangin, « Troupes Noires », *Revue de Paris*, numéros du 1er et du 15 juillet 1909.

2. Capitaine XXX, « Sur le recrutement des Troupes Noires », *Revue de Paris*, numéro du 1er février 1910.

l'appât du gain et du butin a plus d'une connexité avec leur courage. Depuis que la guerre tend à se faire avec urbanité, que les trésors et les femmes des vaincus ne sont plus confisqués, que les captifs sont supprimés, l'enthousiasme du noir pour le métier des armes se ralentit singulièrement. La guerre procure peu de profits et beaucoup de fatigues.

Les épisodes des campagnes en Mauritanie sont particulièrement susceptibles de défriser l'ardeur guerrière des jeunes hommes et de tarir sensiblement les sources des enrôlements volontaires.

Je m'explique.

La Mauritanie vient d'absorber pendant longtemps l'activité d'un grand nombre de tirailleurs indigènes.

Ce royaume de l'Aridité et de la Désolation — comme le Sahara son proche voisin — présenté sous un aspect presque séduisant par des cacographes ignorants ou ambitieux, dépourvu de ressources alimentaires, ne possède que des « points d'eau » salée, boueuse ou corrompue, rarement potable, séparés les uns des autres par plusieurs jours de marche.

La ration d'eau, apportée de loin par les colonnes expéditionnaires au prix de pénibles efforts, s'épuise rapidement.

Les troupiers épargnés par les balles ennemies et par la maladie (dysenterie, scorbut, bériběri, misère physiologique) sont journellement voués à un affreux supplice: l'impossibilité d'étancher leur soif!

Dans un article sensationnel[1], M. Georges Boussenot a montré dans toute leur horreur les détails d'une randonnée militaire en Mauritanie. Voici un extrait de cet article que je recommande aux amateurs d'émotions... fortes :

« La colonne du capitaine B..., après bien des difficultés, est parvenue à Ouad-el-Hatale. Là vont commencer nos malheurs. Les deux puits que nous savions devoir y trouver nous les voyons bien, en effet, mais dans l'un le liquide est à ce point salé que les chevaux (nous en avons amené trois) le refusent obstinément et dans l'autre le breuvage escompté est totalement corrompu par un âne qu'on y a intentionnellement jeté et qui achève d'y pourrir. Et nous qui espérions faire à ce puits notre plein d'eau! Quelques hommes essayèrent malgré les conseils du docteur de boire au premier : ils éprouvèrent de ce fait des diarrhées sérieuses qui les affaiblirent d'autant.

« Et c'étaient là les derniers puits que nous devions rencontrer avant de nous lancer dans un grand espace désertique de plus de 100 kilomètres d'étendue.

1. *Le Siècle*, numéro du 30 octobre 1909.

« Partis de Ouad-el-Hatale à sept heures du soir, nous marchons jusqu'à deux heures du matin, par une nuit noire. Malgré les torches qu'on allume de temps en temps, nous n'avançons que très difficilement, tant le sol est inégal, accidenté. Nous dormons là et ne nous remettons en route que le 23 à sept heures du soir. Toujours pas de lune ; des vallonnements nombreux qu'il nous faut traverser, rendent la marche extrêmement pénible. Les hommes, qui ne peuvent prendre qu'un repos illusoire, en raison du service écrasant de sûreté à fournir, perdent de leur entrain. L'on s'arrête enfin le 24 juillet, à trois heures du matin, pour repartir à cinq. A huit heures, nous apercevons des indigènes montés sur des chameaux : ce sont des Maures qui nous attaquent. Le combat dure trois heures. Tirailleurs et partisans se conduisent d'une façon merveilleuse ; nous n'avons, comme pertes, qu'un tué et deux blessés. Pendant l'action, on a dû, naturellement, faire une assez grosse consommation d'eau. Aussi, il n'y a pas à tergiverser ; il faut, coûte que coûte, gagner les puits de Nouaremech, car l'eau va incessamment manquer. Nous levons le camp à six heures du soir avec un vent d'est étouffant. La troupe commence visiblement à faiblir. Un tirailleur noir qui ne peut plus avancer est hissé sur un chameau et fixé par des cordelettes en croupe d'un goumier. La mort le surprend durant la nuit dans cette attitude. On continue à marcher, sans mot dire, anéanti par le vent qui dessèche la gorge, brûle la poitrine, irrite les yeux. Les quelques tonnelets (4 à 5) encore pleins et que nous devons distribuer vers le milieu de la nuit seulement, nous les trouvons, le moment d'en utiliser le contenu venu, percés à coups de baïonnette; des malheureux, *mourant de soif*, les ont ainsi en partie vidés. A minuit, le guide déclare que le puits est encore à plus de 20 kilomètres de là. Une courte pose et nous donnons un *quart d'eau* à chaque homme, les dernières gouttes que nous possédons.

« A quatre heures du matin, nouvel arrêt. On s'aperçoit alors que *huit hommes, huit tirailleurs, ont disparu*. Ils ont dû se coucher sur le sable et mourir au point même où ils sont tombés. Certains d'entre eux ont volé des chameaux, renversé leur charge et sont partis ainsi à l'aventure. Nul ne les a jamais revus.

« A sept heures, c'est-à-dire après trois heures de repos, ordre est donné de se remettre en route pour atteindre les fameux puits. A neuf heures, on y arrive mais on les trouve complètement bouchés. Décrire notre désappointement est impossible. Si les Maures étaient revenus à la charge, ils nous auraient, à coup sûr, cueillis un à un. Et, avec cela, un soleil de plomb et pas le plus petit abri... Mais on s'est mis au travail et à onze heures on aperçoit enfin le liquide bienfaisant, une eau boueuse et sale, mais de l'eau quand même. Il se passe alors une scène inimaginable. Les tirailleurs, affolés, se précipitent vers l'eau promise et se jettent avec armes et bagages dans le puits. Les derniers arrivés veulent les imiter, et comme les Européens et quelques partisans maures, moins fatigués, les empêchent, ils se mettent alors à courir en tous sens, prononçant des mots sans suite, à croire qu'ils sont devenus subitement fous. Certains se jettent sur la terre humide, à l'entour de l'orifice du puits et lèchent le sol; d'autres, plus faibles, incapables de se mouvoir, supplient leurs camarades de leur donner quelques gouttes de l'eau qui va être tirée.

« Spectacle horrible et que, de longtemps, nous ne pourrons oublier... Il nous fallut de longues heures pour retirer les malheureux du puits où ils s'étaient précipités. Il y en avait dix exactement. On s'imagine sans peine quel breuvage on put retirer après ce tragique incident. Mélange immonde de boue, de sang, d'eau, dans lequel chéchias et ceintures rouges avaient déteint affreusement; on but, cependant, avec avidité.

« Mais que pouvait-on attendre d'un puits qui donnait le liquide litre par litre quand il fallait pouvoir abreuver près de 200 hommes et nombre d'animaux? Rester là plus longtemps c'était la mort lente. Force nous est donc de pousser en avant.

« Une reconnaissance faite par nos partisans, qui nous déclarent qu'un excellent point d'eau se trouve à 25 kilomètres de là, — reconnaissance que les Maures tentèrent d'ailleurs d'empêcher d'arriver au but qu'elle s'était assigné, — nous permet d'avoir la certitude de l'existence de ce puits à Leïbeïdat.

« *Dix hommes ont succombé* à Nouaremech. Nous les enterrons et le convoi reprend sa route vers le 28 juillet. La marche est épouvantable. Les chameaux s'abattent; les tirailleurs tombent et il faut toutes nos exhortations et la promesse de l'eau prochaine pour les soutenir. *Trois hommes meurent* encore dans le trajet. Partis à six heures du matin, nous arrivâmes enfin à Leïbeïdat à midi par une chaleur torride. Nos misères sont finies. Après un repos de dix-neuf jours durant lesquels le docteur remonte comme il peut nos malheureux soldats noirs, qui tous — *nous en avions perdu vingt et un de la soif* — sont éreintés, vidés, incapables de fournir un effort sérieux, nous pouvons atteindre sans danger Akjoucht dont la garnison, à la veille de manquer de vivres, nous attendait avec une réelle impatience. Notre mission était terminée. »

Cette épouvantable aventure est-elle unique dans l'histoire de l'occupation militaire de la Mauritanie?

D'après les renseignements que j'ai pu avoir, en dehors de la colonne B..., les détachements des lieutenants C... et de S... auraient perdu, le premier : deux hommes *morts de soif*, le second : 1 adjudant européen et 25 tirailleurs *morts de soif;* le bataillon du commandant F... aurait perdu 41 hommes *morts de soif.* Ce bataillon aurait souffert bien davantage si on n'était venu à son secours.

« Certains survivants, déclare un témoin oculaire, avaient éventré les chameaux pour pouvoir absorber le peu d'eau que leur estomac renfermait. Quand nous les rejoignîmes, nous fûmes accueillis à coups de fusil par une trentaine d'entre eux qui, devenus vraisemblablement fous, ne nous avaient pas reconnus. »

Enfin, selon d'autres bruits alarmistes, le capitaine B... aurait aussi perdu 53 tirailleurs *morts de soif* [1] Ces pertes feraient donc un total de 143 *morts de soif!* Les premières nouvelles de ces graves événements ne pouvaient manquer de provoquer en France une légitime émotion. Il fallait calmer celle-ci. Les subtilités de la langue mauritanienne fournirent les émollients. On opposa à la terrifiante expression de *morts de soif* les expressions plus douces de *disparus*, de morts d'*insolation*, ou d'*accident atmosphérique*. Rendant à César ce qui appartient à César (de la Mauritanie), je m'empresse de dire que ce charmant dernier terme se trouve dans les *Commentaires* — pardon! — dans une lettre du colonel Gouraud [2]. *Accident physiologique* eût sans doute été de beaucoup plus juste.

Le mot *disparus* peut laisser entendre que ces diables de tirailleurs ont quitté soudainement les rangs pour aller prendre les bains de mer sur la côte ou pour finir leur vie dans une riante oasis de la « riche et hospitalière Mauritanie ».

Une variante d'*accident atmosphérique* c'est *vague de chaleur*, un souffle, un rien, quoi! D'autres commentateurs de ces tristes événements enseignent que les tirailleurs ont péri pour avoir « fait preuve d'*indiscipline devant*

1. *Bulletin du Comité de l'Afrique française*, n° de juin 1909, p. 199.
2. *Ibid.*

la soif, aussi grave en un tel pays que l'indiscipline devant l'ennemi ».

Si les mineurs emprisonnés dans les galeries souterraines de Courrières sont morts, c'est pour avoir fait preuve d'indiscipline devant la faim ; si les naufragés du *Chanzy* ont été noyés, c'est pour avoir fait preuve d'indiscipline devant les flots !

Quelle belle invention que la discipline devant les nécessités physiologiques ou les éléments invincibles ! Et comme les conceptions métaphysiques de certains esprits sont supérieures aux lois naturelles ! !

S'imaginera-t-on les tortures endurées, les hallucinations ressenties par toutes ces victimes avant de tomber sur le sable brûlant pour ne plus se relever ?

De quelles pages saisissantes *Le Jardin des Supplices* n'eût-il pas été augmenté, si Octave Mirbeau avait pu assister à de pareils spectacles !

O civilisation ! que de méfaits il se commet en ton nom ! Pendant que, sur le continent européen, des rhéteurs mal renseignés disaient à des auditeurs confiants notre rôle humanitaire en pays barbare et vantaient l'excellence de nos moyens de colonisation, là-bas, en Mauritanie, les malheureux soldats jetés entre un océan de sable et un ciel de feu, s'abreuvaient d'urine de chameau ou mouraient de soif dans d'indicibles souffrances !

Et qu'on ne vienne pas représenter l'occupation du désert mauritanien « comme une nécessité inéluctable » [1].

Le plus élémentaire bon sens aidé par la connaissance préalable de la Mauritanie commandait seulement de fortifier nos postes de la rive droite du Sénégal pour nous mettre à l'abri d'un coup de main audacieux et pour assurer la sécurité de la navigation sur le Sénégal, artère vitale du Soudan.

Les Maures seraient venus dans ces postes vendre leurs troupeaux et leurs marchandises : gomme, plumes d'autruche, pour acheter des objets indispensables, tels que céréales, sel, étoffes. Ils n'y auraient pas occasionné plus de désordres qu'ils n'en causent à Saint-Louis, à Podor, à Kayes, à Nioro ou à Kiffa [2] !

Malgré tout le soin pris en haut lieu colonial pour cacher l'odieuse réalité des faits à la nation

1. Paroles de M. Roume (*Bulletin du Comité de l'Afrique française*), p. 255, septembre 1906.

2. Mon excellent ami Georges Boussenot, dans une série d'articles parus dans le *Siècle* et dans l'*Action*, n'a cessé de crier : Prenez garde à la Mauritanie ! Tout récemment, il n'a pas craint d'affirmer que ce pays « ne vaut ni les hommes morts d'épuisement et de soif que nous y avons déjà perdus, ni l'argent que nous y avons dépensé ».

française, la vérité a su se faire jour à travers les mailles serrées du mutisme africain.

Tout ce que le monde civilisé compte de citoyens humains et généreux s'apitoiera sur le sort de ces martyrs noirs et criera son indignation aux imprévoyants organisateurs de tant de douloureux trépas.

Quant aux indigènes restés dans les villages du Soudan ou du Sénégal, ils n'auront pas tardé à être exactement instruits, par les récits des libérés ou des « rescapés », du sort de leurs camarades qui dans une heure de désœuvrement ont contracté l'engagement fatal.

Chacun d'eux se dira : *Moi pas vouloir crever de soif! Mauritanie y a pas bon!*

Non, il ne fait pas bon en Mauritanie ! car aux malheurs occasionnés par la privation d'eau et par l'action du soleil viennent s'ajouter les désastres infligés par l'ennemi et dont voici une énumération concise, probablement incomplète :

1° Désastre de Niémilane (octobre 1906) : lieutenants Andrieux et Douville de Franssu, sergents Fleurette et Philippe, 3 caporaux et 13 tirailleurs tués, 27 blessés[1];

2° Combat d'Yagharef (mars 1908) : capitaine

1. *Bulletin du Comité de l'Afrique française*, p. 28, numéro de janvier 1907.

Repoux et 1 tirailleur tués; lieutenant Schmitt et 1 tirailleur blessés (la colonne comptait au total 26 hommes)[1];

3° Attaque d'un convoi entre Akjoucht et Nouakchott (avril 1908) : sergents Arnaud et Jouallat et 15 tirailleurs tués. (D'après un renseignement privé, tout le détachement, composé d'une trentaine d'hommes, aurait péri; naturellement, les armes et munitions seraient passées aux mains de l'ennemi)[2];

4° Combat d'Akjoucht (mai 1908) : 3 tirailleurs tués; 1 sergent européen blessé[3];

5° Désastre d'El-Moïnan (juin 1908) : capitaine Mangin tué; anéantissement complet du détachement, composé d'une trentaine de méharistes indigènes et d'un sergent européen; armes et munitions, une mitrailleuse et 10.000 cartouches tombent au pouvoir des Maures[4];

6° Engagement entre Talmeust et El-Moïnan (juin 1908) : quelques tirailleurs blessés[5]. (D'après un renseignement privé, 10 tirailleurs auraient été tués soit dans cet engagement,

1. *Bulletin du Comité de l'Afrique française*, p. 131, numéro d'avril 1908.

2. *Ibid.*, p. 221, numéro de juin 1908.

3. *Ibid.*, p. 242, numéro de juillet 1908.

4. *Ibid.*, p. 240, numéro de juillet 1908.

5. *Ibid.*, p. 240, numéro de juillet 1908.

soit dans un autre dans la même région et à la même époque);

7° Combat d'El-Fottard (octobre 1908) : 1 sergent européen et 4 tirailleurs tués; 4 tirailleurs blessés[1];

8° Désastre d'Aganchiche (novembre 1908); lieutenant Reboul, 2 brigadiers, 10 spahis et 1 auxiliaire partisan tués[2];

9° Anéantissement d'une patrouille composée de 7 indigènes envoyés en flanc-garde dans une région difficile (décembre 1908)[3];

10° Surprise dans le ravin de Choumat (décembre 1908) : 10 hommes tués, dont un maréchal des logis algérien; 5 blessés[4];

11° Combat d'Azoueïga (décembre 1908) : 5 tués et 8 blessés[5];

12° Combat d'Amatil (décembre 1908) : adjudant Vic, sergent Moricard et 5 indigènes, dont un sergent et un caporal, tués; 3 officiers, 1 sergent européen et 11 tirailleurs blessés[6]. (Cette affaire est vraisemblablement celle visée dans un article de presse par Georges Boussenot

1. *Bulletin du Comité de l'Afrique française*, p. 360, numéro de novembre 1908.
2. *Ibid.*, p. 413, numéro de décembre 1908.
3. *Ibid.*, p. 35, numéro de janvier 1909.
4. *Ibid.*, p. 196, numéro de juin 1909.
5. *Ibid.*, p. 197, numéro de juin 1909.
6. *Ibid.*, p. 197, numéro de juin 1909.

et au cours de laquelle 4 mitrailleuses et 60 ou 80.000 francs en numéraire seraient, en outre, passés aux mains des Maures);

13° Combat de Boutilimit (avril 1909) : capitaine Bablon tué[1];

14° Combat de Moudjéria (juin 1909) : 3 tirailleurs tués[2];

15° Combat de Ksar-Teurchanc (juillet 1909): lieutenant Violet et un partisan tués; 3 tirailleurs blessés[3].

En dehors de la Mauritanie, les troupes jouissent-elles au moins d'une certaine tranquillité?

Considérons les territoires du Tchad et de la zone saharienne, où sévit depuis plusieurs années la frénésie de « la pénétration à grande envergure » et de l'occupation.

Pour se représenter exactement les efforts dépensés dans ces régions par les militaires, il faut savoir que les Sahariens assurent, suivant leur formule favorite, « la police du désert » en organisant de vastes randonnées dans un périmètre variant de 500 à 2.000 kilomètres[4].

1. *Bulletin du Comité de l'Afrique française* p. 178, numéro de mai 1909.

2. *Ibid.*, p. 198, numéro de mai 1909.

3. *Ibid.*, p. 320, numéro de septembre 1909.

4. Voir le résumé par le lieutenant-colonel Lamolle

Tous les déplacements de troupes sont nécessairement fort dangereux et fort pénibles. Ainsi dans le raid de Tombouctou-Taodéni effectué par la compagnie des méharistes, en mai 1906, le caporal indigène Moussa Coulibaly s'étant écarté de la colonne et ayant perdu sa trace, « a dû mourir dans les affres terribles de la soif, et le sergent Mille est mort au retour, à la suite des fatigues endurées » [1].

Si l'année 1908 fut particulièrement funeste en Mauritanie, les années 1909 et 1910 nous ont réservé de cruelles surprises dans les territoires du Tchad. La presse coloniale ou parisienne aux yeux d'Argus va nous édifier :

D'abord le lieutenant Dromard (ou Drouard) meurt à la suite de ses blessures, reçues dans un combat, en août 1909, dans la région de Bilma [2].

Le 5 novembre, de nombreux tirailleurs étaient massacrés [3].

des principales opérations effectuées dans les trois régions du territoire militaire du Niger pendant 1906. *Bulletin du Comité de l'Afrique française*, p. 181, mai 1907.

1. *Bulletin du Comité de l'Afrique française*, p. 253, septembre 1906.

2. *Ibid.*, p. 321, septembre 1909.

3. *Journal officiel de la République française* du 18 février 1910. Discours de M. Messimy, à la Chambre, p. 912.

Le 30 novembre 1909, à Achourat,

« Le rezzou d'un marabout influent du Sud-Algérien nous fait 11 tués : le capitaine Grosdemange et 10 tirailleurs, et 26 blessés dont les sergents Rossiet et Devillate[1]. »

Quelques jours plus tard, on apprend que les guerriers du Borkou surprennent nos troupes à 45 kilomètres au nord-est de Mao.

« Nous avons eu 30 tirailleurs tués ou disparus. Notre camp a été brûlé et tous les animaux qu'il contenait, grièvement blessés ou tués. Le lieutenant Moutot a été blessé à l'épaule gauche[2]. »

Le 4 janvier 1910 étaient massacrés dans l'Ouadaï le capitaine Fiegenschuh, les lieutenants Delacommune et Vasseur, le sergent Branger, le maréchal des logis Breuillac, 101 tirailleurs et les partisans en nombre inconnu.

Ce pays, cause de tant de deuils, a-t-il seulement une valeur économique?

« L'Ouadaï, écrit Pierre Prins[3], ne paraît pas avoir un commerce qui dépasse annuellement 500 à 600.000 francs; encore ce commerce est-il surtout

1. *Le Matin*, numéro du 12 décembre 1909. — Un combat dans le Sahara.

2. *Le Journal*, numéro du 30 décembre 1909.

3. *Bulletin du Comité de l'Afrique française*, p. 79, numéro de février 1908.

alimenté à l'heure actuelle par les armes à tir rapide et les munitions de guerre, sans parler des esclaves. Que vaudra le même Ouadaï ravagé par une campagne sans merci, ses habitants tués[1] ou en fuite? Je vous laisse le soin de conclure. »

En mai 1910, au Zinder, l'ennemi nous tue le vétérinaire Boiron et 9 tirailleurs, et nous fait 20 blessés, dont un Européen[2].

1. Les pertes éprouvées par les autochtones ne sont pas une chimère. Oyez plutôt :

1° Dans l'affaire d'Amm-Timam (février 1908), *plus de 70 Ouadaïens restèrent sur le terrain*;

2° Dans le combat d'Arada (mars 1908), *plus de 100 Mahamids et Ouadaïens furent tués*. « Ce succès nous permit d'arriver à un triple résultat : razzier des chameaux borkouans, razzier des chameaux ouadaïens, couper enfin la route d'Abaché à Benghazi. »

3° Le 29 mars 1908, une masse armée composée de 2.850 fusils dont 1.200 à tir rapide fut arrêtée par 285 des nôtres appuyés sur le prétendant Acyl, notre allié. *Huit cents de nos ennemis furent tués ou blessés* par la vaillante petite troupe du capitaine Jérusalémy, à qui revient l'honneur de la journée.

4° Dans le combat d'El Sadett (juin 1908), l'ennemi, fort de 10.000 hommes, *laissa sur le terrain* 2.000 *tués*. « Tout le camp fut pris ainsi que 24 bannières. De notre côté, nous avions 7 tués et 22 blessés, dont 2 Européens. » (La colonne française comprenait le chef de bataillon Julien, 7 officiers, 10 sous-officiers, 386 réguliers [artilleurs, spahis, tirailleurs], 150 irréguliers du contingent d'Acyl et 2 canons de montagne.)

Bulletin du Comité de l'Afrique Occidentale française, p. 381, numéro de novembre 1908.

2. *Le Journal*, numéro du 4 juin 1910.

Les partisans de la théorie de l'omelette — à condition de ne pas jouer eux-mêmes le rôle d'œufs cassés — seront-ils enfin satisfaits?

Cette longue liste de morts de soif et de tués n'a pas la valeur d'un document officiel, car les faits que j'expose n'ont pas été, comme bien on pense, fournis par les autorités coloniales, toujours peu expansives quand les renseignements à fournir sont mauvais.

— A quoi bon alarmer l'opinion?... Pas d'histoires!...

Cependant, la Nation n'a-t-elle pas le droit de tout savoir, et ses serviteurs n'ont-ils pas le devoir de tout lui apprendre?

Le peuple souverain acceptera-t-il d'être tenu dans l'ignorance, par ceux-là même qu'il comble d'honneurs et de dignités?

Un historien désireux d'entreprendre le récit des campagnes coloniales en Afrique et de faire le décompte exact de nos morts d'après les documents officiels se heurterait vraisemblablement à de grands embarras.

Honorons la mémoire de tous les officiers, de tous les sous-officiers et de tous les soldats tombés au service de la France, même si le sacrifice de leur vie n'a servi qu'à agrandir de quelques arpents de désert nos vastes et peu fécondes savanes du Haut-Sénégal et du Niger. Mais, au nom de la raison et de l'humanité, supplions le Gouvernement de la République de combattre en Afrique « ce principe du toujours plus loin qui nous a déjà fait faire tant de sottises »[1] et d'opposer sa sagesse aux propositions inconsidérées de quelques coloniaux frappés d'exaltation, auxquels nous devons cet empire saharien stérile qui nous coûte « depuis dix ans près de 300 millions »[2] et plusieurs centaines de vies humaines.

Je m'excuse de cette longue digression et je reprends mon sujet.

Après toutes les calamités auxquelles nous venons d'assister n'est-il pas à craindre que l'idée de l'enrôlement n'évoque désormais des perspectives décourageantes aux yeux des noirs parfaitement informés?

La plupart des indigènes n'en arriveront-ils pas à préférer au métier de soldat l'ancien état d'esclave, car le nègre esclave avait au moins l'avantage sur le nègre soldat de ne point risquer sa vie et de la passer avec sa négresse et ses négrillons?

1. Expressions de M. Jean Rodes citées du discours de M. Messimy à la Chambre des députés. *Journal officiel* du 18 février 1910.

2. Discours de M. Messimy.

Le capitaine XXX envisage hardiment la possibilité de mettre, en peu d'années, sous les armes 100.000 Africains dont 75.000 en Algérie et 25.000 en Afrique Occidentale française.

Il est loisible à un chirurgien de proposer, en en réglant tous les détails, une brillante opération. Cependant, si au dernier moment le malade, usant de son droit, refuse de se laisser opérer?... car je suppose que la contrainte ne s'exercera jamais sur le recrutement des tirailleurs noirs...

Si, par hasard, de nombreux engagements venaient à favoriser la thèse outrancièrement militariste, l'agriculture et le commerce de l'Afrique Occidentale se verraient privés de bras extrêmement utiles pour leur mise en valeur.

En ce qui concerne la proposition d'expatriation en terre algérienne, je ne répéterai pas ici les excellents arguments présentés éloquemment à la tribune du Parlement par les députés qui se sont préoccupés de l'envoi de tirailleurs sénégalais en Algérie[1]; mais on a le droit de demander si l'enquête dirigée par le lieutenant-colonel Mangin n'a pas omis de prendre l'avis des intéressés.

1. *Journal officiel de la République française* du 19 et du 22 février 1910.

Les tirailleurs bambaras trouvent déjà qu'à Dakar l'existence est plus difficile et moins agréable qu'au Soudan.

Le tirailleur ira en Algérie accompagné de sa femme. La femme entre au moins pour moitié dans l'existence d'un tirailleur; elle pile le mil, fait le pot-au-feu, s'occupe des gosses et lessive le linge.

Les nécessités journalières de la vie, les coutumes du pays d'origine et l'amour aussi — mettons l'instinct de la reproduction, si le mot amour pris dans le sens d'amour du cœur, d'amour des âmes, inspire des doutes — unissent étroitement le nègre et la négresse. On ne saurait donc songer à séparer le tirailleur de sa compagne légitime, habituée et naturelle, en dehors de laquelle — qu'on me pardonne de ne pas tout expliquer — le couscous n'aurait plus de saveur!

Les frais d'installation de la « mousso », les frais de voyage d'une famille plus ou moins nombreuse sont-ils incorporés dans le coût d'un tirailleur noir : 810 francs, établi par M. le lieutenant-colonel Mangin?

A priori, ce chiffre paraît bien faible; il contient des germes d' « imprévus ».

Enfin un brusque passage de la zone torride dans la zone tempérée n'entraînera-t-il pas de fâcheux accidents? Je sais que les êtres humains sont moins sensibles que les plantes à un changement subit de zone et de climat; toutefois, ils n'échappent pas absolument à son influence. Les tirailleurs sénégalais seront bien couverts en hiver.. admettons-le... et attendons le résultat des premiers essais de transplantation [1].

Plus que les conditions physiques, beaucoup appréhenderont les conditions sociales et ethnographiques du nouveau milieu.

M. Jean Hess, qui connaît bien les Algériens (français, naturalisés et arabes), nous informerait de ce que peuvent gagner au contact des « civilisés » ou des « colonisés » d'Algérie des êtres neufs, primitifs, encore exempts de vices [2].

1. A peine le régiment de noirs envoyé en Algérie a-t-il débarqué que la *bronchite*, provoquée par le froid, occasionne, en plein mois de mai, 1 décès et 10 entrées à l'hôpital. (*Le Journal*, numéro du 22 mai 1910.)

2. « La présence de troupes sénégalaises au milieu des Arabes orgueilleux et jaloux, de légionnaires illuminés, de Français batailleurs et d'apaches des bataillons d'Afrique ajouterait un nouvel aliment au feu qui toujours couve en des cerveaux inflammables. Nos soldats noirs sont polygames et vivent en famille; ils seraient transportés en Algérie avec femmes et enfants. Le contact de ces smalas avec des troupes rigoureusement casernées et soumises à des règlements misogynes provoquerait de déplorables conflits. Enfin les noirs de l'Afrique Occidentale sont musulmans ou fétichistes assez indifférents... Portés dans un milieu fanatique, à portée des zaouias d'Algérie, des marabouts prédicants et vénérés,

La question des tirailleurs sénégalais est d'actualité. Je n'aurai pas l'outrecuidance de prendre position dans le débat engagé dans la presse et à la Chambre des députés. Cependant, en envisageant un point de vue purement national, il apparaît clairement que les services rendus à la métropole par une nombreuse armée noire ne seront pas en rapport avec les sacrifices nécessités par l'entretien de celle-ci. Ne serait-il pas plus sage de préparer la guerre défensive sur le sol français, comme conseille de le faire le général Bazaine-Hayter, que de jeter sur le continent africain des sommes importantes et d'y éparpiller des forces d'une utilité douteuse pour la défense nationale ?

Un groupe colonial, à tendances patriotiques plus africaines que françaises, ne soutient-il pas âprement, sournoisement, le projet du colonel Mangin parce qu'il voit dans la création d'une grande armée noire une « bonne affaire » pour l'Afrique?

Cent mille nègres payés et rentés par le budget métropolitain, disséminés dans l'Afrique occi-

ne seraient-ils pas séduits par l'exemple des grands chefs indigènes dont la pompe orientale et la supériorité ethnique les impressionneraient assez vivement pour les amener à la pratique rigoureuse de la loi coranique ? » (Colonel Sainte-Chapelle.) Extrait du discours de M. Carpot. *Journal officiel* du 19 février 1910, p. 926.

dentale et dans l'Afrique septentrionale seraient une cause inespérée de richesses, autrement sérieuse que la vente du coton, de la gomme, de l'or ou des dattes...

Vous verrez aussi que, lorsqu'on aura fait accepter par la France l'envoi en Algérie de plusieurs milliers de soldats noirs, on reparlera du transsaharien.....

APPENDICE

LETTRE D'UN AMI

Mon manuscrit touchait à sa fin, lorsque j'eus la pensée, avant de le livrer à l'impression, de le soumettre à l'examen d'un excellent ami, colonial de carrière.

La lettre réponse de mon ami contenait des réflexions si hardies que je me décidai à la reproduire *in extenso*.

La voici :

« Lisez mon ouvrage, donnez-moi votre appréciation et des conseils, voilà en substance ce que vous ordonnez à la solide et vieille amitié qui me lie à vous.

« Colonial lassé, en retraite depuis quelques semaines à peine, je m'étais bien promis de jeter, momentanément au moins, le voile de l'oubli sur un passé dont un mélange de souvenirs agréables et douloureux, un état de santé précaire, sont le legs le plus clair. Mais vous usez à mon égard de termes si obligeants et si flatteurs, que ma détermination se laisse fléchir.

« Votre modestie dût-elle en souffrir, je vous confesserai mon admiration pour la singulière ardeur dont vous venez de faire preuve. Les loisirs qu'il vous était permis de consacrer aux joies du repos, ou aux plaisirs de la ville, en dédommagement des multiples et profondes privations d'un assez long séjour en Afrique, vous avez eu le courage de les consacrer à compulser des ouvrages, sérieux sans doute, mais auxquels on ne songe guère en général, et à rédiger des notes... que dis-je, des notes? tout un dossier, un livre.

« Cependant je ne vous louerai pas sans réserve, car vous m'avez fait revivre des heures bien tristes, en reportant mon esprit sur des régions trop connues de moi, hélas!... Et remuer des souvenirs pénibles dans une âme qui n'aspire qu'à la quiétude, c'est commettre une vilaine action.

« La plupart des faits que vous exposez ne me sont pas tout à fait étrangers : J'ai vu l'aridité du sol et subi l'inclémence du climat.

« J'ai vu les maladies endémiques creuser de nombreuses tombes pour les Européens, dans les sables tièdes des cimetières, dont les cris des hyènes et les glapissements des chacals troublent seuls, la nuit, l'éternel silence.

« Les infortunes auxquelles j'ai assisté m'ont douloureusement impressionné. Et si je pouvais devenir, un seul instant, moraliste, je serais tenté de répéter aux soldats et sous-officiers coloniaux, aux petits fonctionnaires, aux petits officiers et aux petits employés de commerce, ces mêmes conseils que Voltaire a donnés aux misérables mercenaires, coureurs d'aventures guerrières :

« Restez chez vous, pauvres gentillâtres ; rétablissez votre masure ; tirez de vos fonds le double de ce que vous en tiriez ; entourez vos champs de haies vives; plantez des mûriers ; que vos sœurs vous fassent des bas de soie ; améliorez vos vignes ; et si des peuples voisins veulent venir boire votre vin malgré vous, défendez-vous avec courage ; mais n'allez pas vendre votre sang à des *princes*, qui ne vous connaissent pas, qui ne jetteront jamais sur vous un coup d'œil et qui vous traiteront comme des chiens de chasse qu'on mène contre le sanglier...[1] »

« J'ai lu sur nos possessions africaines des contes dignes de ces Arabes ou Persans auteurs des *Mille et une Nuits*. Ce qui m'a le plus vive-

1. *Dialogues et Entretiens philosophiques*. Onzième entretien : Du droit de la Guerre.

ment frappé, c'est la revision des « Richesses naturelles du pays », lesquelles ne sont pas, à beaucoup près, des richesses.

« Je me doutais bien que le Soudan n'était pas appelé à un grand avenir, à moins d'y tout transformer, mais je n'aurais jamais supposé qu'il produisît si peu !

« Comme le sous-préfet Lorie de l'*Evangéliste* de Daudet, je m'écrie : « Beaucoup de place et « tout à faire, messieurs... »

« Tel sera longtemps l'état du Soudan, à moins que le Soudan producteur d'hommes rachète, je ne vois pas encore comment, le Soudan commercial et agricole.

« Essaierai-je de donner des conseils à un grand garçon tel que vous ? Je n'en aurais pas pris l'initiative, mais puisque vous attendez tant de ma « sagesse », ainsi que vous le dites, je me dois de vous donner quelques indications.

« D'abord toutes les vérités ne sont pas bonnes à dire. Seul un ingénu a le droit de méconnaître cette maxime. Mais nous, habitants d'un pays éminemment civilisé, nous n'avons pas la même moralité qu'un Huron, et nous devons, avant d'écrire, tourner sept fois la plume dans l'encrier, c'est-à-dire consulter notre intérêt.

« Or, votre intérêt vous conseille de rester dans l'ombre, de ne pas froisser des amours-propres, de ne pas détruire des illusions ou de simples projets, de ne pas avoir l'air de donner des leçons.

« La colonie que vous étudiez avec une pointe de critique, extrêmement convenable, j'en conviens, est la résultante, la « Fille », d'une association d'énergies, de personnalités « marquantes ». Et si vous essayez de démontrer à ce groupement que sa créature a beaucoup plus de défauts que de qualités, vous l'offenserez. Allez donc dire au tuteur ou aux parents d'une jeune microcéphale et paralytique que leur pupille ou leur enfant n'est après tout qu'un affreux laideron, et vous verrez si les épithètes de « muffle et d'impertinent » pleuvront drues sur votre tête !

« De même qu'il existe un art de gouverner, de même il y a un art de servir. Appelons le premier, si vous voulez, « politique, diplomatie », et donnons au second le nom de « tact », d' « à-propos », de « souplesse ».

« Tels hauts dignitaires de notre Administration — optimistes sans pour cela être des candides — ne seraient aujourd'hui que des commis d'ordre inférieur notés : « pessimistes » et « grincheux » s'ils n'avaient connu l'art des nuances et pratiqué celui des complaisances.

« Votre écrit alarmiste provoquera la levée en masse des maîtres Pangloss coloniaux. Vous serez malmené, ridiculisé, bafoué, confondu, honni. Vos amis d'hier deviendront demain vos ennemis. Croyez-moi, gardez-vous de cette maladie que M. Jaurès désignait récemment sous le nom de : délire de la sincérité, car elle peut devenir très préjudiciable, sinon mortelle.

« — Comment! dites-vous, en votre accent méridional, il ne me sera pas possible, sans encourir des risques de graves représailles, d'exposer en toute sincérité, sans parti pris, des faits d'expérience et d'observation, des textes d'ouvrages et des idées qui découlent logiquement de mes lectures et de ces faits ? Dois-je me considérer comme un Français conscient de ses obligations sacrées envers la Patrie et envers la vérité, ou comme un Français amorphe, enrôlé sous l'étendard de l'indifférence ?

« — Tout doux, naïf jeune homme, attendez pour débiter vos phrases solennelles de faire campagne électorale. Devant de braves gens, que la question intéressera, vous pourrez développer vos arguments et vos conclusions, avec la certitude d'être écouté favorablement. Aujourd'hui, vous n'en êtes pas là.

« Vous vous présentez devant un parti colonial dont tous les membres ne seront pas pour vous de tendres amis.

« Connaissez-vous le parti colonial? Non, n'est-ce pas. Je n'essaierai pas de vous en donner une définition, mais avec la liberté que me confère l'immunité de la retraite et le privilège de l'âge, je vous apprendrai que ce parti se compose de plusieurs groupes.

« Le premier d'entre eux comprend la grande majorité des militaires, des fonctionnaires civils, des colons, les patriotes et les citoyens en un mot qui ont rêvé d'une France plus grande, plus prospère, plus riche ; d'une France émancipatrice de peuplades barbares, et qui consacrent à la réalisation de leurs conceptions idéales les meilleures années de leur existence.

« Un deuxième groupe est constitué par les gens d'affaires, commerçants et industriels, qui prolongent au loin, par un échange incessant et loyal de matières premières et de produits ouvrés, le réseau de la vie économique de la Métropole.

« Forment le troisième groupe des personnes s'imaginant qu'un pays est parfait du moment qu'elles lui ont consacré d'utiles efforts ou portant sur les yeux

« *L'invisible rideau d'un verre grossissant* »

leur faisant prendre un grain de sable luisant pour une mine de diamants, des brins d'herbe sèche pour de riches pâturages, et une vieille termitière renversée pour le berceau de la civilisation !

« Les coloniaux sur lesquels, à la faveur du soleil surchauffant et de l'anémie, ont déteint le « milieu géographique » et le « contact ethnique », ceux qui, pour employer un mot consacré par la littérature africaine, se sont « bougnoulisés » jusqu'au point de préférer leur nouvelle patrie à la patrie d'origine, rentrent dans un quatrième groupe.

« Un cinquième groupe englobe les personnes dont le goût de la « vie large », l'esprit d'initiative ou d'indépendance, le désir de jouer dans la société un rôle remarqué, les oblige à fuir des conditions peu favorables à la réalisation de leurs ambitions pour descendre dans des milieux plus accessibles où leur supériorité incontestée leur donne tout de suite rang de personnages importants, armés d'une grande autorité, entourés du respect de nombreux sujets.

« Le sixième et dernier groupe mérite de retenir l'attention.

« S'il ne comprenait que des inconscients amendables, que des « têtes chaudes et imaginatives » attirées « hors de France » par des « perspectives illimitées »[1], il n'en demeurerait pas moins très intéressant.

« Mais il est hélas ! presque exclusivement formé

1. Expressions de H. TAINE, citées de G. DEHERME.

d'aventuriers sans scrupules, d'audacieux bluffeurs, de « déracinés » avides de renommée, de gloire, d'avancement et de richesses, dont la devise semble être : « Périsse la France plutôt que les colonies! » A eux seuls, ils constituent un vrai péril national, plus sérieux que le péril de l'antimilitarisme, car il n'est nullement prouvé que les antimilitaristes, luttant après tout pour le triomphe d'un principe philosophique, d'une doctrine essentiellement humanitaire, ne se montrassent dignes descendants des sans-culottes de Valmy, le jour où leur liberté et leur dignité seraient menacées par un ennemi envahisseur, tandis que les hommes de proie coloniaux n'ont pas d'autre préoccupation que celle d'obtenir des avantages personnels en poussant leurs concitoyens à l'émigration dans des pays inhospitaliers et meurtriers, et en mettant en coupe réglée l'épargne française ou les finances budgétaires sous les fallacieuses raisons sociales de « mises en valeur » et d'« exploitations de richesses naturelles sans nombre ».

« Rapports truqués et réclames menteuses sont les principaux artisans de leur félicité.

« La sérénité de leur âme s'accommode de tous les déboires d'ordre économique et de tous les désastres pourvu que l'opinion publique, cette grande justicière dont ils ont tant à redouter, soit tenue dans la plus profonde ignorance.

« Qu'importe à de mauvais marins qu'un bateau s'échoue, avec une riche cargaison, si dans l'ombre du mystère ils tirent de gros bénéfices des débris de l'épave !

« Autour des plus privilégiés de ce groupe, autour des chefs devenus omnipotents, s'agitent des personnages domestiqués, serviles et rampants, heureux de porter la selle sur le dos et le mors doré à la bouche, formant une clientèle de lieutenants dévoués, et des griots faméliques de toute condition sociale, brûlant l'encens et maniant la louange dans le but évident d'obtenir rapidement titres, grades, monopoles, concessions, subventions...

« Ah ! ne vous risquez pas de substituer au trompeur « tout va bien » le franc « rien ne va comme ça devrait aller » ; n'essayez pas de démasquer les plans de ce monde-là, ni de vous opposer aux exigences de sa cupidité grandissante ! Vous soulèveriez de violentes récriminations de la nature de celles que suscita naguère un haut fonctionnaire colonial pour avoir inscrit dans son programme la ferme résolution de gouverner non pas dans l'intérêt de quelques-uns, mais pour le bien général de la Métropole et des administrés indigènes, pour la cause de la plus grande justice.

« Un souci constant du tamisage ou du maquillage des nouvelles fâcheuses, la mauvaise humeur qui se manifeste à la suite de la divulgation de faits répréhensibles, soigneusement étouffés, sont des symptômes de déloyauté.

« Les abus criards ne cesseront et les gros mécomptes ne seront évités qu'autant que la vérité, ramenée à ses justes proportions, promènera sur nos colonies son flambeau éclatant de lumière.

« Trop longtemps la Vérité, avec la Raison sa mère, a dû se cacher dans un puits inconnu pour se dérober au complot des méchants.

« Comme le dit excellemment G. Deherme, le courageux auteur auquel vous vous félicitez d'avoir emprunté des vues originales et des renseignements circonstanciés, l'*action coloniale* et les *Administrations coloniales* doivent *vivre au grand jour*.

« Exigeons des *études*, des *statistiques*, des *documents* qui nous *renseignent exactement* sur nos filiales exotiques et sur nos protégés, et *non des rapports de fonctionnaires peureux qui nous abusent*[1].

« Une discrétion excessive peut aggraver une

1. G. Deherme : *op. cit.*, p. 142.

mauvaise situation et devenir « criminelle ».

« En faisant un tableau inexact de la situation « économique, politique, climatérique ou sani- « taire d'une colonie, on engage des malheureux « mal préparés, mal outillés à y tenter fortune, « et c'est la ruine, sinon la mort pour eux. » Si on essaie de se rattraper des fautes commises « en exploitant l'indigène par la ruse ou la ter- « reur, ce qui est plus ordinaire, c'est le mépris « et la haine des populations que nous nous atti- « rons, c'est-à-dire l'échec certain, pour un long « temps, de tout propos de colonisation[1] ».

. . . .

« Ma lettre est déjà bien longue, et je m'aperçois en outre que, depuis un moment, j'use votre patience à vous faire entendre un enseignement que vous ne demandez pas à la place des conseils que vous attendez.

« L'égoïsme, vous ai-je prouvé, prescrit, à votre endroit, la réserve, le silence. Faites le bridge, fréquentez les spectacles, troussez des filles et vous vous ferez à vous-même bien moins de tort qu'en essayant d'éclairer vos concitoyens sur l'œuvre coloniale en Afrique. Cependant, si votre caractère s'élève au-dessus des mesquines préoccupations d'intérêt immédiat, mettez votre

1. G. Deherme : *op. cit.*, p. 141.

énergie au service de la vérité, car, en fin de compte, ainsi que l'ordonne Emile Zola, « il faut « dire la vérité », et, voyez-vous, « rien ne tient « contre la vérité, elle est la grande, l'éternelle « victorieuse[1]. »

1. *Vérité.*

UNE EXPLICATION DE L'AUTEUR

Dois-je m'excuser d'avoir inséré dans cet ouvrage de si fréquentes citations?

L'architecte ne fabrique pas les matériaux de construction : il les assemble. J'ai imité l'architecte.

Le défaut d'impersonnalité perd de son importance, quand on voit des hommes de talent comme le professeur Grasset dans *Les limites de la Biologie*, comme G. Lenotre dans *Vieilles Maisons et Vieux Papiers*, et tant d'autres, user abondamment de la documentation d'emprunt.

Il m'eût été aisé dans maintes circonstances de m'approprier des idées bien exprimées et des phrases toutes faites. Mais je m'enorgueillis de ne pas posséder la science du démarquage.

J'ai tenu enfin à m'entourer d'une société nombreuse et choisie pour m'aider à soutenir mes convictions et cette thèse, à savoir que le Soudan tel qu'il est ne ressemble pas au Soudan tel qu'on l'a fait.

TABLE DES MATIÈRES

LIVRE PREMIER

La connaissance du sol, du climat et des maladies endémiques est fondamentale.

LIVRE DEUXIÈME

Comment on pénètre et comment on voyage dans l'intérieur du Soudan et ce qu'il en coûte.

LIVRE TROISIÈME

Richesses naturelles et commerce de la colonie.

LIVRE QUATRIÈME

Population indigène. Assistance médicale et hygiène.

LIVRE CINQUIÈME

Divers auteurs ont fait du Soudan un eldorado; la nature semble vouloir en faire un désert. Considérations économiques sur le Soudan actuel. Troupes noires.

APPENDICE

Paris. — L. MARETHEUX, imprimeur, 1, rue Cassette. — 5085.